KB038946

4·16구술증언록 단원고 2학년 4반 제1권

그날을 말하다

수현 아빠 박종대

이 도서의 국립중앙도서관 출판예정도서목록(CIP)은 서지정보유통지원시스템 홈페이지(http://seoji.nl.go.kr)와
국가자료공동목록시스템(http://www.nl.go.kr/kolisnet)에서 이용하실 수 있습니다.
CIP제어번호: CIP2019008309

그날을 말하다

수현 아빠 박종대

4·16기억저장소 기획 편집
(사) 4·16세월호참사가족협의회 지원 협조

한울

일러두기

1. 음절로 식별 가능한 소리를 들리는 대로 전사하는 것을 원칙으로 한다.

2. 의미를 파악하기 위해 추가 설명이 필요할 경우 [ ]로 표시한다.

3. 몸짓, 어조 등 비언어적 행위는 ( )로 표시한다.

4. 구술자가 말을 잇지 못해 말줄임표를 사용하는 경우 ……, …로 길고 짧음을 표시한다.

5. 비공개 영역은 〈비공개〉로 표시한다.

6. 비공개해야 하는 희생자 형제자매의 이름은 ○○, △△ 등의 도형기호로, 생존자의 이름은 A, B, C 등 알파
   벳 대문자로 표시한다.

7. 비공개해야 하는 제3자는 직분이나 소속, 성만 공개하고, 이름은 ××로 표시한다. 비공개해야 하는 숫자는
   자릿수에 상관없이 □로 표시하며, 지명은 □□로 표시한다.

　4·16기억저장소에서는 세월호 참사 5주기를 맞아 구술증언 수집 사업의 결과물 일부를 100권의 책으로 발간하게 되었습니다. 이 사업은 2015년 6월부터 다양한 학문 분야 구술 연구자들의 자발적인 참여로 진행되어 왔으며, 세월호 참사를 좀 더 정확하고 다각적으로 기록하고 기억하고자 하는 노력의 일환으로 수행되었습니다.

　2014년 참사 발생 이후, 참사 피해자들의 목격담과 경험은 안타깝게도 공식적인 국가기관과 언론의 기록 속에서 철저히 소외되거나 왜곡되었습니다. 그것은 세월호 참사가 우리에게 안긴 죽음과 고통의 충격만큼이나 우리 사회의 끔찍한 비극이었습니다. 따라서 사업을 진행하면서 세월호 참사 희생자 가족, 생존자, 생존자 가족, 어민, 잠수사, 활동가, 기자 등등, 참사의 초기 과정을 직접 경험한 분들의 증언을 우선적으로 수집했습니다. 구술자는 이 사업의 취지와 방식에 개인적으로 동의한 분 중에서 선정했으며, 참여 과정에 어떠한 금전적 보상이나 이익이 제공되지 않았습니다. 또한 구술증언 수집 사업을 진행하는 동안, 면담자는 연구자이자 참사를 겪은 공동체 시민으로서 최대한 윤리적이고자 노력했습니다.

구술자마다 매회 약 2시간씩 3회를 원칙으로 음성 녹취와 영상 촬영을 하는 방식으로 진행되었고, 증언의 일관성을 확보하기 위해 면담자는 큰 틀에서 공통 질문지를 사용했습니다. 공통 질문지의 내용은 참사와 구술자 간의 관계성에 따라 차이가 있지만, 유가족 구술의 경우 1회차 '참사 이전의 삶, 팽목항과 진도에서의 경험, 자녀에 대한 기억'을, 2회차 '참사 이후 투쟁과 공동체 활동 경험'을, 3회차 '참사 이후 개인 및 가족이 경험한 삶의 변화와 깨달음, 자녀의 현재적 의미'를 중심으로 했습니다. 이처럼 증언 내용은 참사 이전에서 시작해 참사 발생 당시의 경험과 이후의 변화 과정까지 폭넓게 수집했고, 면담자는 구술 채록 과정에서 구술자의 발화를 최대한 존중하고자 했으며, 무엇보다 각자의 특수한 경험과 다른 시각을 충실히 반영하고자 했습니다.

이 구술증언록의 발간을 위해, 채록된 음성 자료는 문서로 변환해 구술자와 함께 검토했고, 현재 시점에서 공개할 수 있는 영역과 할 수 없는 영역으로 구별했습니다. 따라서 책에 실린 내용은 모두 구술자로부터 공개를 허락받은 부분입니다. 비공개 영역은 추후 구술자의 동의를 받아 적절한 절차를 거쳐 추가로 공개될 수 있으리라 생각합니다.

이 구술증언록 100권에는 그동안 우리 사회에 왜곡되어 알려지거나 잘 알려지지 않았던, 참사 발생 직후 팽목항과 진도 혹은 바다에서의 초기 상황에 관한 중요한 증언이 포함되어 있습니다. 또한, 자녀를 잃는 잔인하고 애통한 상황을 겪으면서도 그 누구보다 강인한 정치적 주체로 성장할 수밖에 없었던 유가족의 마음과 경험을 구체적으로, 그리고 여러 각도에서 살펴볼 수 있습니다. 그 외에도, 이 구술증언록은 2014년을 전후한 한국 사회의 여러 측면을 드러내는 귀중한 자료가 되리라고 생각합니다. 무엇보다 국내외의 많은 분이 이 책을 읽어, 장차 세월호 참사의 진상 규명과 역사 서술에 기여할 수 있기를 바랍니다.

구술증언 수집 사업이 진행되고, 책으로 출간되기까지 많은 분의 도움과 지지가 있었습니다. 이 지면을 빌려 부족하나마 감사의 말씀을 전하고자 합니다.

먼저 (사)4·16세월호참사가족협의회와 4·16기억저장소에 감사를 드립니다. 이분들의 신뢰와 적극적인 협조가 없었다면, 이 사업은 처음부터 시작할 수조차 없었을 것입니다. 또한 어려운 정치 환경 속에서도 사업의 취지에 공감해 재정 지원을 결정해 준 아름다운가게와 역사문제연구소에 감사드립니다. 두 단체 덕분에, 이 사업을 4년 동안 계속해 올 수 있었습니다. 그리고 구술증언록 100권의 발간에 동의하고, 바쁜 일정에도 출판 실무를 기꺼이 맡아주신 한울엠플러스(주)에도 감사를 드립니다. 이 외에도 많은 개인과 단체가 직간접적으로 많은 도움을 주시고 격려해 주셨습니다. 여기에 모두 밝히지 못하는 것을 죄송하게 생각합니다.

　말할 필요도 없이, 가장 크고 또 가슴 아픈 감사는 구술자 한 분한 분께 드리고자 합니다. 이 책이 발간될 수 있었던 것은, 무엇보다 용기를 내어 아픔과 고통의 기억을 다시 떠올리고 장시간 진심으로 이야기를 해주신 구술자가 있었기 때문입니다. 오랜 시간 이야기를 나누며 함께 공감하기도 했지만, 그 아픔과 고통을 어떻게 가늠할 수 있을까 싶습니다. 더 큰 도움이 되지 못함을 안타까워하며, 이 구술증언록 100권의 발간이 피해자분들에게 조금이라도 위로가 될 수 있기를 기원합니다.

2019년 4월

4·16기억저장소 구술팀 책임자
서울대학교 인류학과 교수 이현정

차례

■ 1회차 ■

■ 2회차 ■

■ 3회차 ■

수현 아빠 박종대

구술자 박종대는 단원고 2학년 4반 고 박수현의 아빠다. 음악에 재능이 있고 동물 키우기를 좋아했던 수현이는 종종 아빠와 등산하며 사진을 찍곤 했다. 지금도 수현이와 함께 살고 있는 아빠는 아들의 버킷리스트를 대신 채워나가며 참사의 원인을 밝히기 위해 기록을 수집하고 분석하는 일에 열중하고 있다.

박종대의 구술 면담은 2015년 7월 15일, 21일, 26일, 그리고 2019년 2월 11일, 4회에 걸쳐 총 6시간 20분 동안 진행되었다. 면담자는 김향수·김익한, 촬영자는 강재성이었다.

구술자 본인의 프라이버시나 제3자의 프라이버시를 보호해야 할 부분을 제외하고는 구술자의 발화를 있는 그대로 전사했다.

1회차

2015년 7월 15일

1
시작 인사말

면담자 　　본 구술증언은 4·16 사건에 대한 참여자들의 경험과 기억을 기록으로 남김으로써 이후 진상 규명과 역사 기술에 기여하고자 합니다. 지금부터 박종대 씨의 증언을 시작하겠습니다. 오늘은 2015년 7월 15일이며, 장소는 안산시 글로벌다문화센터입니다. 면담자는 김향수이며, 촬영자는 강재성입니다.

2
구술 참여 동기

면담자 　　선생님, 구술증언 제안받고 참여하시게 된 동기를 말씀해 주시기 바랍니다.

수현 아빠 　　4·16이 생기고 나서 1년이 지났는데, 그 과정에서 사실상… 이렇게 생각하시면 되지 않을까 생각합니다. 이 나라가 정상적인 나라였다면, 사고 발생 원인이라든가, 관련된 책임자들 같은 부분이 철저히 규명되고 처벌받았어야 했었고, 피해자들 입장에서 본다면, 엄청난 일을 겪으면서 [생긴] 트라우마를 치유하고, 사회에 복귀해 가지고…… 아이들은 없지만, 건강한 삶을 살아갈 수 있도록 노력하[는 것이] 정상적이라고 생각하는데… 1년이 지난 현시점에서 돌아보면 전혀 그렇게 된 건 없고, 오히려 '이 나라, 이 정부가 막고 있다'라는 부분에 대하여 안타까움을 가지고 있고, 이 부분에 대하여 정확하게 기록하고 조금이나마 알릴 수 있는 자료로 활용된다고 하면, 그 자체로 못난 애비로서의 역할을 하는 것이 아닌가 자위하는 차원에서 참여하게 되었습니다.

면담자   이 기록이 어떤 목적으로 활용되어야 하는가에 대한 이야기를 해주셨는데요.

수현 아빠   제가 경험한 것이 사건의 전부는 아니니까, 그게 얼마만큼 알려질지는 모르지만, 그래도 기억이 남아 있을 때 제가 경험한 것이 사실대로 적혀져 있어 가지고, 다른 사람들한테 적은 양이지만, 활용이 잘되었으면 좋겠다는 생각입니다.

3
안산 정착과 일상

면담자   오늘은 주로 4·16 이전의 삶에 대한 이야기를 들으려고 합니다. 언제 처음 안산에 오셨는지요?

수현 아빠   저는 1991년도 2월 27일 날 안산에 처음 왔습니다. 원래 강원도에 살았는데, 직장을 이쪽에 구하면서 오게 되었습니다.

면담자   결혼하고 오신 건가요?

수현 아빠   아니요. 와서 3년 정도 있다가 결혼했습니다.

면담자	안산에서 어떤 일을 하셨는지요?

수현 아빠　자동차 부품 회사에서 사무 관리직으로 일했습니다. 이것저것 다 해서… 인사, 노무 그쪽 업무하고 구매 관리, 생산 관리, 나중에는 총괄 관리, 공장 관리 등등 하다가 4·16을 겪었습니다.

면담자　　직장 말고 다른 활동은 안 하셨어요?

수현 아빠　사회활동은 하지 못했습니다, 불행하게도.

면담자　　종교 같은 거나…….

수현 아빠　종교는 없었습니다.

면담자　　배드민턴 동호회 이런 거라든지…….

수현 아빠　그런 것은 없었고, 개인적으로 취미 삼아서 사진하고 산에는 많이 다녔는데… 다른 것은 없습니다. 밥만 먹고 직장만 다녔습니다.

면담자　　4·16 이전에 평일 하루 일상을 이야기해 주십시오.

수현 아빠　저는 빨리 일어나는 스타일이어서, 보통 4시 반, 5시 이전에 일어나서 아침에 간단한 동네 조깅을 하고, 밥 먹고 7시쯤 회사 출근하고, 보통 7, 8시 정도면 퇴근하고… 빨리 퇴근하는 날은 집에 와서 저녁에 운동도 하고, 가끔 취미로 [하는] 사진 관련된 책을 읽고, 안 그런 날은 좀 늦으면 사람들하고 술 좀 한 잔씩 하고.

면담자　　규칙적인 생활을 하셨네요?

수현 아빠   (웃음) 네. 생각보다는 규칙적인 생활을 했습니다.

면담자   주말에는 대체로 어떻게 보내셨나요?

수현 아빠   주말에도 회사 갈 때가 조금 있었고요. 없을 때는, 요즘 같은 때를 기준으로 하면 관곡지[경기도 시흥시에 있는 연못]에 가면 연꽃이 많이 피어 있었으니까, 산에 가지 않으면 그런 쪽에 가서 개인적으로 사진 촬영을 많이 했던 것 같습니다.

면담자   사진이나 산에 많이 가신 계기가 있는지요?

수현 아빠   산은 건강을 위해서 갔었고, 사진 같은 경우에는… 제가 2000년 전후로 해서 우리 아이들이 어렸을 때, 대단히 일벌레였습니다. 아이들이 어렸을 때 IMF를 맞았었고, 다니던 회사에서 이직을 해서 새로운 환경에 적응을 하고 있었어요. 기존에 하던 인사 노무 업무가 아닌 전혀 새로운 업무를 맡았어야 됐었고, 또 부서 책임자로 왔었기 때문에, 모른다고 해가지고 그냥 넘어갈 수 있는 상황도 아니었고, 그래서 눈뜨자마자 저녁에 눈감을 때까지 일 생각만 했던 것으로 기억이 납니다.

　　그러다 보니까 아이들이 잘 때 나오고, 잘 때 들어가고… 그런 생활을 하다 보니까, 이번에 대학에 들어가는 우리 큰딸내미가 유치원에 가가지고 "우리 아빠 죽었다"라는 얘기를… 워낙 얼굴을 못 보니까 그런 이야기를 했고… 거기서 쇼크를 받아가지고 제가 '아, 그러면 안 되겠구나. 아무리 내가 [직장]생활을 한다 하더라도, 어쨌든 가족의 생활을 책임지고 가족의 행복을 위해 일을 하는데, 그렇게까지 하면 안 되겠구나' [하고] 반성을 많이 했고, 그러고 나서 가족과 시간을 보낼 수 있는 것을 찾아야겠다고 해서, 거금 180만 원을 들여서 카메라를 사가지고 시작하게 된 거죠. 아마 2001, 2002년도 그때쯤이었던 것 같아요. 그때부터 '주말에는 집에 있어야겠다. 가족들하고 나가기도 하고……' 그러면서 자연스럽게 취미가 되었습니다.

면담자   아이들이 되게 좋아했겠어요.

수현 아빠   많이 놀아주니까. 여행도 많이 다니고 그랬죠.

4
가장 기억에 남는 일

면담자   수현이랑 함께 한 일 가운데 가장 기억에 남는 것은 무엇인가요?

수현 아빠   많았는데 요즘 와서는 기억이 가물가물해 가지고, '그런 날이 있었던가, 없었던가' 싶은 생각이 들긴 하는데, 아까도 말씀드렸지만 아들하고는 오늘처럼 무더운 날 아침 일찍, 자는 녀석 깨워가지고 새벽에도 [산에] 많이 다녔고, 철들면서부터 1년에 꼭 한 번씩은, 가을에 단풍이 들 때, 설악산에 다녔었어요. 와이프는 무릎이 안 좋아서 산을 못 타거든요. 딸은 〈비공개〉 원래 싫어하고……. 그래서 아들하고 둘이서 카메라 하나씩 메고, 가방에 막걸

리도 한 병 꽂고, 김밥 사가지고 설악산을 1년에 한 번씩은 갔어요. 아들도 그거 한 번은 꼭 같이 가고 싶어 했기 때문에 그게 가장 기억에 남지요.

면담자   다른 일보다 특히 더 기억에 남는 이유가 있어요?

수현 아빠   온 가족이 같이 나가면 떠들고 이런 것은 많이 했지만, 아들하고 둘이서 가면 이런저런 이야기를 했죠. 정확히 기억은 나지 않지만은, 우리 아들이 음악에 대한 이야기를 하는 것을 되게 좋아했어요. 상대방이 든든지 말든지…. [설악산에] 가면은 앞서거니 뒤서거니 하면서 이야기를 하면 내가 많이 들어줬던 것 같고.

면담자   아이들을 양육하면서 특별히 중요하게 생각했던 지점들이 있었는지요?

수현 아빠   글쎄요.

면담자   이런 아이가 되었으면 좋겠다든지 하는 것들이요.

수현 아빠   저는 수현이 같은 경우에는 정치를 하기를 원했어요. 얘가 나중에 어떤 학문을 하든지 간에, 문제의식을 가지고, 우리나라에 철학과 도덕성을 겸비한 그런 사람이 되었으면 좋겠다는 것을 암암리에 이야기했고, 본인도 그런 것에 대해서 대단히 부담을 느꼈어요. 공부 잘하라고 얘기는 안 했습니다만, 그런 얘기는 몇 번 했던 기억이 나고. 저는 수현이도 그렇고 큰애도 그렇고 열심히 하지 않는 것에 대해서 야단을 쳐본 적은 있지만, 공부의 결과를 가지고는 그렇게……. 영혼은 자유롭게 키우려고 노력했던 것 같습니다. "뭐가 되어야 한다", "뭐 하면 안 된다", "뭐 안 하면 죽는다", "나중에 어떻게 살아야 한다" 이런 이야기는 별로 안 했던 것 같습니다.

면담자　　세상 돌아가는 이야기나 아이들 키우는 것에 관련된 정보들은 어디서 얻으셨나요? 신문이라든지, 주변 사람을 통해서 얻으셨나요?

수현 아빠　　양육은 우리 와이프가 거의 전담을 해서… 아이와 관련해서는 같이 놀아준다거나 했었지, 그런 것은 못 했던 것 같습니다.

면담자　　어머님이 힘들 때 많이 이야기하지 않던가요?

수현 아빠　　세상이 험악한 것에 대해서는 이야기를 많이 했습니다. 세상 사는 게 호락호락하지 않다는 이야기를 많이 했고, 고등학교 1학년 여름방학 숙제를 한 것을 보니까 A4에다가 여름방학 동안에 내가 읽었던 책, 경험한 것 등이 있는 것을…… 나중에 사망하고 나서 들춰보니까 그게 나오더라고요. "여름방학 동안 가장 고민했던 것. 뭘 가지고 고민을 했느냐?"라고 해놨는데 딱 한 줄 써놨더라고요. "뭐 해 먹고살까?" 그래서 '내가 너무 그런 이야기를 하긴 했나 보다'라는 생각을 했었습니다.

5
한국 정치에 대한 관점

면담자 이전에 선거 때 투표는 하시는 편이셨나요?

수현 아빠 했죠.

면담자 투표하실 때 판단 기준이 따로 있으셨어요? 예를 들어서 유인물이라든지 그런 거요.

수현 아빠 제가 했던 투표래 봤자 선거에 관한 부분이었는데. 젊어서, 저희가 학교 졸업할 때는 워낙 김대중 선생과 김영삼 대통령 그 사람들이었으니까, 그때는 그분들을 많이 지지했던 것 같고… 박근혜 대통령 될 때는, 우리 동생이 영월에 사는데, 〈비공개〉 그 친구하고 나하고 얘기한 게, "박근혜 대통령은 절대 찍으면 안 된다" 그래서 "형님, 왜요?" 그러기에 "저 양반을 찍으면 되게 나라가 답답하게 될 거다, 아주 소통도 안 되고". 그때 세종시 관련해 가지고 그분[박근혜 후보]이 입 꾹 다물고 있다가 남들이 알아들을 듯, 못 알아들을 듯 말씀하시는 것을 보고 나서, 대단히 실망을 했어요. '지금 저러는데 나중에 저 사람이 대통령이 되면 어떨까?' 생각을 많이 했거든요. 절대 찍지 말라고 그러니까, "형님, 생각보다 의외입니다"라고 말하더라고요. 그런데 결국 제가 그 말 뱉고 나서 피해자가 될 줄은 몰랐죠.

수현 아빠 박종대

6
수학여행 준비 과정

면담자   아이들 수학여행 가기 전에 수학여행에 대해서 어떤 이야기를 주로 들으셨어요?

수현 아빠   제가 들었던 것은, 재작년에 우리 딸아이가 동일한 방식으로 갔었고, 그때 갔을 때 선상에서 불꽃놀이 하는 것이 가장 인상이 깊었던 것 같은데. 3월 어느 날인가, 여론조사를 한다는 것을 듣긴 들었어요. 그래서 "너는 어떠냐?" 그러니까, 처음에는 가기 싫어했던 것 같아, 애가. 어쨌든 [누나가] [재]작년에 갔다 온 것이 괜찮다고 그러고, 그러니까 별 의심 없이, 저는 그 부분에 대해서는 그렇게 했었는데… 그때 배로 타고 갔다가 비행기로 돌아오는 것에 대해서도 그렇고, 개인적으로 회사에서는 관리 부분을 총괄하고 있다 보니까, 사원들의 안전에 대해서 신경을 많이 쓰는 스타일이었거든요. 옛날에 서해 페리호나 기타 참사라든가 그런 부분에 대해서, 회사 안전 교육이지만 주제로 다룬 적이 있었기 때문에… 3월 어느 날인가, 아이가 일요일 날 누워서 낮잠을 자는데 들여다보면서 그 생각을 잠시 하긴 했었어요. '아, 혹시……' 그런 생각을 하긴 했었는데, 사실상 잊어버렸었죠.

그리고 나서, 내일 수학여행 간다고 하니까, 저녁에, 자기 전에, 이튿날 잘 갔다 오라고 그러고, 4월 15일 날 저녁에도 집에 퇴근해서 오니까 우리 딸아이가 "수현이, 수학여행 못 갈지도 모르겠다"

라고 해서 "왜?" 그러니까, "안개가 많이 끼어서 그렇다" 그래서 "그럼 돌아오라고 그래라"라고 이야기를 했었지요. 왜 그랬는지 몰라도 감이 그런 게 있긴 있었던 것 같아요. 딸아이가 계속해서 묻는 거예요. "정말 오라 그래? 정말 오라 그래?" 이러면서. 몇 번 묻고 나니까 그게 너무한 것 같더라고. 그래서 "아니, 됐다" 그러려니 하고 잊어버리고 있다가 이튿날에 얼토당토하지 않는 전화를 받게 된…….

면담자   수현이나 어머니나 수학여행 준비는 어떻게 했어요?

수현 아빠   수현이가 수학여행을, 초반에는 안 가려고 하다가 나중에는 어차피 다 가야 된다고 얘기하고 하니까, 준비를 해가지고, 자기가 수학여행 가서 입을 옷도 새로 장만도 하고 자기가 좋아하는 옷도 많이 싸가지고 가고…. 전날도 와이프가 어디 좀 나갔는데, 가방을 싸라니까 가방을 안 싸고 자꾸 뒤적뒤적 그러더라고. 나중에 와이프가 와가지고 같이 싸가지고 준비를 했더라고요.

7
사고 소식 접한 후 진도에 도착해서

면담자   16일 아침에 연락을 받으셨다고 했는데, 처음 사고 소식 들었을 때부터 진도 내려가기까지 상황을 말씀해 주세요.

수현 아빠   4월 16일, 아침 10시 8분으로 기억이 나는데, 다음

날, 17일 날 우리 회사에 중요한 평가가 있어서 직원들하고 같이 회의를 하고 있는데, 와이프가 10시 8분에 전화가 왔더라고요. 왜 그러냐니까 "침몰하고 있다고 한다"고 해요. 그래서 회의하다 말고 바로 집으로 왔죠. 집으로 오는 와중에 10시 14분에 수현이가 나한테 전화를 한 번 했는데, 그게 부재중으로 왔어요. 아마 그 당시에 우리 회사 사람들하고 통화를 하고 있는데, 그사이에 바다 상태[가] 안 좋고 하니까 자연스럽게 끊어졌던 걸로 [생각돼요]. 그때 전화가 한 번 왔었고…. 집에 와서 와이프를 데리고 단원고등학교로 갔고, 몇 시인지는 모르겠지만 거[학교에] 가서, 수현이가 있던 교실에 가서 TV 시청을 하면서 상황을 주시하다가 강당으로 모이라고 해서 [갔는데] 11시 전후로 해서 '전원 구조'라는 오보를 보고… 전원 구조되었다고 했으니까. 지금 방송에서는 그게 안 나오는데, 그 당시에는 우리가 느낄 때는 전원 구조에 대한 게 두 번이 있었어요, 얘기가. 뭐냐면, "전원 구조되었다"고 그랬다가, 오보라고 이야기하고 나서 다시 "전원 구조되었다" 이랬거든.

그러고 나서 [전원 구조]됐다고 하니까, 제가 진도로 내려가야겠다고 하니까, 와이프가 "그럼 아이 옷 젖고 그랬을 테니까, 옷 같은 거 싸가지고 가야 되는 거 아니냐?"라고 얘기하는 거를 "지금 급한데 뭐 그럴 거 있느냐? 가서 현지에서 사서 입으면 되지. 그냥 무조건 내려가자" 그래서 다른 사람들 버스로 가는데, 저는 제 차를 타고 [갔죠]. 같은 빌라에 슬기네라고 있는데, 그 친구도 사망을 했는데, 내려가면서 우리 차 타고 같이 내려갔어요. 제 기억에는, 그 당시에 그걸 가지고 '죽음의 질주'라고 이야기를 하는데, 하여튼 엄청나게 달려서 갔습니다. 제 차가 그 당시에 새 거여서, 속도도 잘 나고… 한참 가면서 보니까 뒤에 탔던 슬기 어머니가 차에서 [손잡이를] 이래… 잡고서 있더라고요, 얼마나 달렸는지.

그럴 정도로 달려가지고, 내려가니까 한… 4시? 정확한 시간은 기억이 안 나는데, 한 4시 정도에 진도체육관에 갔다가, 그때 가서 보니까 [생존자] 명단에서 수현이가 빠져 있었고, 다시 확인하니까 누군지는 모르겠으나, 190명이 탄 배가 팽목항으로 온다고 그래서 팽목항으로 가서 보니까 분위기가… 믿어지지도 않았지만, 그 당시에는 이미 분위기가 들어오는 분위기가 아니고, 그래서 표 팔고 하는 데다가 가서 물어봤죠. 그랬더니 "들어오는 거 없습니다" 그러더라고. 다시 체육관으로 돌아와서 비상사태 모드로 정신없이 지나갔지요.

면담자　　개인 차로 가셨으니까 다른 부모님들보다 일찍 도착하셨겠네요?

수현 아빠　　예. 거의 없을 때, 사람들이 많이 없을 때 도착했습니다.

면담자　　진도에 처음 도착했을 때, 첫 장면으로 기억나는 것이 무엇인가요?

수현 아빠　　글쎄요. 체육관…. 들어가기 전에 경찰이 엄청나게 많이 와 있었다? 경찰이 엄청나게 많이 와 있어서 가는 신호마다 경찰들이 서 있었고. 그리고 체육관에 가봤을 때는, 피해자 가족보다는 언론이 더 많이 와 있던 것 같고. 그 부분이 지금은 정확히 기억이 안 나네요. 어쨌건 생각나는 것이 체육관 안에 들어가니까 벌써 밑에 바닥에도 뭘 깔아놓고 그래서 '그런 대비는 열심히 잘했구나' 하는 생각이.

면담자   바닥에 매트 같은 것이 깔려 있었다고요?

수현 아빠   완전히 매트는 아니지만 돗자리 정도는 깔려 있었던 걸로 [기억이 나요]. 어떤 데는 이불이나 담요도 곳곳에 놓여 있었던 것 같고. 그게 가장 기억에 남네요. 팽목항에 갔을 때는 아직까지 휑하니 우리 같은 피해자들만 몇 명 와 있더라고요. 그게 다였고.

8
진도에서 겪은 일

면담자   진도에서 있을 때 이야기를 자세히 듣고 싶은데요. 기억나시는 대로 이야기를 해주세요.

수현 아빠   글쎄… 저도 이제 솔직히 말해서 그게 되게 좀 그래요. 어쨌건 사고 날을 기준으로 해서 시간적으로 말씀을 드려야 될 것 같은데, 아까 뒤에서부터 말씀을 드리면, 한 18시, 19시, 20시이 정도 되었던 것 같은데, 그때 해경 관계자들도 많이 나타났고, 부모님들도 사실상 거기에 집결을 많이 했고, 언론들은 말할 것도 없이 많이 집결해 있었고, 그때 상황에 대해서 해경이 지금 현 상황이 어떤 상황이라는 부분을 이야기를 했고, 해경에서는 그때 해경청장이었던 걸로 기억이 나는데, 정확하지는 않은데, [그 사람이] "배 안에 사람들이 생존해 있을 확률은 자기들이 판단했을 때는 없다"라고 얘기를 했었던 것 같습니다.

그러고 나서 이것저것 이야기하는 게 구조에 대해서도 이야기를 했었던 것 같고, 이후에는 어떻게 할 것인가, 선장의 신변 확보에 대한 부분이라든가, 자기네들이 구조를 위해서 별도로 격리해서 데리고 있다고 했는데, 결국에 나중에 와서 그런 것 자체가 다 거짓말이었던 게 밝혀졌습니다만, 그런 것들을 이야기를 했고. 그 다음에 기억이 나는 것이라고 한다면, 특별한 근거는 없지만 유가족들을 분열시키기 위한 그런 세력들이 이미 사고 당일 날 저녁에 많이 와서⋯ 그러니까 '유가족들은 오히려 차분한데 감정을 많이 건드리지 않았었나' 하는 것을 많이 느꼈었고요. 특히 거기에 해당하는[유가족을 분열시키기 위한] 사람들 같은 경우에는, 진도체육관에 가보셨는지는 모르겠으나, 보면 관람석이 있고 유가족들은 밑에 있었는데, 그 사람들은 꼭대기 관람석 쪽에서 왔다 갔다 하면서 분위기를 험악하게 만들고, 심지어는 의자가 날아갔다 왔다 하기도 하고, 분위기가 좀 차분해질만 하면, 그런 분위기를 조직적으로 연출했던 걸로 [기억이 납니다].

면담자   주로 어떤 순간에 그런 분위기들을 만들었나요?

수현 아빠   구조와 관련된 걸 질문하고, 방향에 대해서 묻고 하다 보면, 따지고 묻고 그럴 거 아닙니까. 1년 전 얘기니까 정확한 상황 자체는 기억이 잘 나지 않는데, 그런 걸 가지고 얘기하고 나서 뭐 하다가 보면은, 얘기가 잘 가려고 하거나 그러려고 하면 저쪽에서 반대 개념 되는 이야기를 하는 거예요. "그렇게 하면 안 되고, 저렇게 해야지" 시작을 해서 안 되면 욕까지, 아주 시옷 자 들어가는 그런 욕까지 해가면서 분위기를 그렇게……

면담자   관람석에서 그렇게 하는 거예요?

수현 아빠   그렇죠. 나중에 하도 그러다 보니까 우리 유가족들끼리 모여서 명찰도 만들고, [유가족임을 증명하는] 증도 만들고, 옷도 유가족들이 입는 옷을 따로 만들어가지고 그렇게 대응했던 것으로 기억이 납니다. 그걸 하고 나서부터는 그런 사람들이 확 줄어들었다는 것, 그런 부분이 많이 기억이 나고, 또 박근혜 대통령이 4월 17일 날 왔다 가고 난 다음에, 4월 18일인가, 19일인가, 사실상 에어포켓 관련된 부분에서 공기 주입이 실패로 돌아가고 나서, [구조에 대한 기대가] 꺼지고 난 다음에, 아이들의 시신을 찾는 과정에 관련돼서 분위기가 고조되고 보니까. 그 당시에 국무총리나 이런 사람들까지 와 있었지만 이게[시신 수습하는 일도] 도저히 안 되고 하다 보니까 청와대로 가겠다고, 진도대교까지 향해서 걸어가고 그랬던 기억이 나고… 고통스러웠던 순간이었던 것 같아요, 그때가 가장.

면담자　　　주로 팽목항에 계셨어요? 아니면 체육관에 계셨어요?

수현 아빠　　저는 낮에는 팽목항에 가 있었고요. 밤에는 체육관에 있었고요. 사고 당일 날은…… 팽목항에 갔다가 다시 체육관으로 왔고, 밤 한 12시 전후로까지는 체육관에 있었었고, 그다음에 팽목항으로 가서 밤을 꼬박 샜죠. 꼬박 새고 새벽… 새벽이라기보다는 아침이라고 하는 게 더 맞을 것 같은데, 아침 5시? 6시? 그때쯤 다시 체육관에 왔다가, 다시 팽목항으로 나가서 사고 현장에, 차도선[여객과 차량을 함께 수송하는 배]을 타고 나갔었죠. 그때 4월 17일 새벽이라고 봐야 되겠죠. 그때 일반인들한테 많이 알려져 있는 그 문제의 카톡, 한세영 양의 페이스북, 그 사건. 생존자라고 한다면서 전화가 왔다는 사건, 그런 부분을 다 팽목항에서 목격을 했고.

면담자　　　그 당시에 선생님이 보고 경험한 것을 중심으로 자세히 얘기를 해주셨으면 좋겠습니다.

수현 아빠　　카톡 같은 경우에는 그렇습니다. 제가 알고 있기로는 그 당시에 아마 김정식 총경하고 이용욱 정보수사국장하고 그 시간에 거기 와 있던 것으로 알고 있는데, 어떤 아버님이 흥분된 소리를 하면서 휴대폰을 들고 나타난 거야. 누군지는 잘 기억이 안 나는데… 하여튼 "지금 배 안에 아이들이 살아 있다. 아이들이 살아 있으니까 빨리 구조만 하면 된다"라고 하니까, 이용욱 정보수사국장하고 옆에서 지켜보면서, 총경이었는데 이름은 자세히 기억이 안 나요, 총경 그 양반이 확인을 한 거예요. 누구누구 이렇게 해가지고 거기서 그 총경이 이용욱 정보수사국장이 지켜보는 데서 전화를 걸어가지고 부모한테 전화 통화를 해줘요. "당신 딸은 살아 있으니까 구조만 하면 되니까, 너무 걱정하지 말아라" 그렇게 했는데, 나중에 와서 그게 전부 거짓말이었다고…. 그게 거짓말이었다면 해경 자체도 책임을 져야 하는 사태인데, 지금까지는 밝혀진 게 없으니까 그렇긴 한데….

그때 제가 이게 대단히 중요한 장면 같아 가지고 휴대폰으로 영상을 촬영했었어요. 촬영을 했는데, 실제로는 10초 이상 찍히지가 않더라고, 무슨 이유인지는 모르겠는데…. 나중에 설정을 변경하거나 하지도 않았었는데, 4, 5초 지나면 자동으로 똑 끊어지고, 4, 5초 지나면 자동으로 똑 끊어지고. 지금도 그 영상을 가지고 있기는 한데, 완전하지 않은 영상으로 가지고 있죠. 그러고 나서 1시간인가 2시간 후에 다시 그런 게 왔다고 얘기해 가지고, 그때는 YTN 기자를 비롯해서 온갖 사람들이 다 취재를 해 갔으니까. 우리나라 어느 언론도 그 영상은 다 가지고 있을 거라고 생각해요, 안 내놨을 뿐이지. 그 이튿날 지나니까 언론에서 하는 얘기가, "도저히 과학적으로 불가능한 거다"라고 이야기를 하면서, 거기에 대한 논평이 나왔던 일이 있었었고.

4월 17일 아침에 차도선을 타고 나가는데, 그날은 아침에 바람이 몹시 불고 비가 좀 많이 왔었거든요. 그때 차도선 타고 나가는데 갑작스레 어디서 어떤 부모님한테 "아들이 살아 있다고 전화가 왔다. 그래서 통화를 했다" 그러면서 배가 들썩들썩할 정도로 사람들이 흥분했어요. 그래 가지고 "도대체 누구냐?"고 내가 물어봤지. 그런데 누군지 아는 사람은 없는 거예요. 누군지 아는 사람은 없고 들썩들썩만 하고. 그래 가지고 내가 방마다 다니면서 다 물어봤어. "혹시 전화 받은 사람 누구 있느냐?" 그런데 없더라고. 그러니까 저는 가끔 가다 그 생각이 들어요. 한세영 양 같은 경우도 그렇고, 그건 나쁜 사람들이 했다는 걸로만 들었는데, 나머지 부분 같은 경우에는 '의도적으로 그렇게 사용해서 먹은 게 아니냐?' 하는 생각을 합니다. 제 나름대로, 개인적으로는 그런 생각을 가지고 있습니다. 심지어는 제가 그걸 가지고 제 카스[카카오스토리]에다가 올렸었는데, 한번은 MBC고, 한번은 SBS라고 그러면서, "니가 직접 받았느냐?" 확인 전화가 오면서 인터뷰를 하자느니 말자느니 그런 얘기를 하더라고. 나중에 와서 짜증이 나가지고, "아니, 내가 봤는데 왜 그러냐? 인터뷰를 하자" 그러니까, "신빙성 없는 걸 가지고 자꾸 얘기를 하고 그러면, 그럴 거 뭐…… 그런다" 그래서 내가 그랬지. "아니, 내가 알기로는 SBS도 기자도 있고, MBC 기자도 있고 되게 많이 와 있는 걸로 알고 있는데, 너는 왜 서울에 앉아가지고 나한테 전화하느냐? 내 전화 어떻게 알았냐? 기자 데려와라. 내가 얼굴 대놓고 나가가지고, 내가 책임지면 될 것 아니냐?" 그러니까 다시는 안 오더라고. 지금 와서 생각해 보면 저 자신도 유언비어를 퍼가지고 나르는 그런 사람으로 [정부에서] 낙인을 찍었고, 그 사람들이 제 번호를 사찰하고 있었던 걸로, 그래서 방송을 사칭해 가지고 추적을 했었고… 그런데 불행하게도 그게 유가족이니까 더 이상 손을

36

수현 아빠 박종대

안 대고 그냥 넘어간 걸로 [여겨지고요]. 그게 아마 어떤 정부 기관이 아니었나 그렇게 생각합니다.

면담자   배를 타고 나가셨다고 했는데 몇 명 정도 탔는지, 그리고 그 과정은 어땠는지요?

수현 아빠   배가 토털[전부] 나간 것은 꽤 많아요. 사고 당일에 한 8시 경, 4월 16일 20시경에 우리 부모님들이 밖에 나가자고 하니까, 사고 현장에 가자 그러니까, 해경에서 지원을 안 해줘 가지고 부모님들이 십시일반 돈을 모아가지고 나갔다고 하더라고. 그렇게 나간 경우가 있었고, 그리고 4월 17일 0시 정도? 그 전후로 해서 해경 경비정은 그쪽에서 일단 한 대를 대줬는데, 경비정이래 봤자, 123정 같은 경우에 자기들이 얘기하는 게, 이번에 처음으로 50명 태워봤다고 그랬으니까. 많이 탈 수가 없는 입장인데 사람들은 떼거지로 왔다 보니까 선착순으로 잘라가지고 태우고 나가서 새벽 3시경에 또 한 번 태우고 갔던 거야. 그래서 경비정을 안 대주고 있다가, 이튿날 태워가지고 나갔었고. 저는 두 번 다 잘려가지고 그랬고. 두 번째 차[배]에 우리 동서가, 올해 서울지하철공사에서 정년퇴임하신 분이 있는데, 그분이 두 번째 배를 타고 나갔다 왔었고. 저는 이튿날 차도선을 타고 나갔는데… 어쨌건 우리가 나간 것은 사고 현장에서 그 사람들이, 해경들이 어떠한 구조를 하고 있는지 그 부분에 대해서 보고 싶었기 때문에 나가려고 했었는데, 사실상 나가가지고 확인한 것은, 기본적으로 우리가 피해자임에도 불구하고, 지금 와서 보면 구조도 하지 않았는데 사고 현장까지 완전히 들어가질 않고… 구조에 방해된다고, 들어가질 않고 저기가 세월호가 있다는 걸 확인할 정도로, 아주 눈 좋은 사람만이 봐야지 요만하게 보일 정도의 해협까지만 들어가서 더 들어가지 않고 그랬었죠.

그 당시에 진달래 필 타임이래 가지고 항상 카메라를 싣고 다녔는데, 며칠 있다가 다시 나갈 때는 제가 카메라를 세팅해서 갔었어요. 400밀리미터 렌즈를 넣어가지고 세팅을 해가지고 나갔더니, 기자라고 또 안 실어주려고 하더라고. 그래서 "내가 유가족이다" 해가지고 나갔는데, 그때 가서도 400밀리미터 렌즈를 끼워가지고 가니까 사람을 거의 식별하게 될 정도로, 그 정도까지 거리밖에 안 데리고 들어가더라고. 그 당시에 세월호 현장 사진은 그렇게 몇 컷 담아놨던 게 있어요. 기본적으로 부모님들은 자기 아들이, 자기 딸들이 묻혀 있는 곳이니까 그것도 그렇고, 또 실제로 구조를 하고 있는지 안 하는지, 구조를 하면 어떤 구조를 하는지 그 부분을 눈으로 확인을 하려고 나갔는데, 그 자체도 거부당하거나 방해를 받았다고 봐야죠.

면담자　　　기록에 남기고 싶은 진도에서의 일들이 더 있으신지요?

수현 아빠　　　글쎄요. 저 개인적으로는… 우리 아들이 4월 22일 날, 4월 22일 18시 43분에 찾았는데, 4월 20일 날 우리 아들을 오인을 해가지고 병원에 가서 다른 집 아들을 구경한[살펴본] 적이 있었거든. 그게 뭐냐면, 아이를 찾으면 그쪽에서 이쪽으로 보내가지고, 키는 얼마 정도 되고, 머리 형태는 어떻고, 옷은 어떤 걸 입고 있었고, 신체적 특징은 어떻고…. 나는 아니라고 생각했는데 우리 와이프가 볼 때는 맞는 것 같다고 해가지고 목포까지 갔는데, 목포 뭔 병원에 갔었는데 가서는 분명히 성명불상이라고 하고 갔었는데, 내가 우리 애 같다고 했더니, 잠깐만 기다려보라고 그러더니, 우리 아들의 신상에 대해서 쫘악 나와가지고는 "얘가 수현이가 맞다"고… 그래서 깜짝 놀라가지고 가서 보니까 우리 아들이 아니더라…. 그때 좀 많이… 그게 가장 [기억에 남아요].

　　진도체육관에서는 분노하고 싸우는 틈바구니, 그런… 것이 좀 많이 기억이 나고. 우리 애는 좀 빨리 찾은 편에 속했으니까, 유일하게 기억에 좀 더 남는다고 한다면, 4월 한 18일쯤 됐었을 겁니다. 18일 오전쯤… 오전 한 10시? 날씨는 대단히 흐렸던 것 같고…. 그날이 공기 주입하는 날, 컴프레서가 들어와서 공기를 주입하는 날인데, 이제…… '아이들이 살아 있을 가능성이 있다'고, '우리 아이는 아니더라도 몇 명은 생존해 있을 거다'라고 믿는 부모들이 많았어요. '내 아들은 아닐지라도 그럴 수 있을 거다'라고 생각하고 있었는데, 그때 진도체육관에서 팽목항으로 가니까, 방송용 보도 차량이 길을 양 옆으로 다 막아가지고 뚫고 나가지를 못하는 거예요. 앰뷸런스가 와도 못 나가고, 사람들도 많아서……. 그때 이상하게 분노를 해가지고…… 난리를 한번 쳤죠, 제가. 그래 가지고 거기 있는 보도 차량들 밖으로 다 빼고, 나중에 와서 팽목항의 교통 상황이 좋아진 게, 사람들이 넓게 차가 왔다 갔다 할 수 있게 한 그게 사실 제 공이었습니다(웃음).

면담자   그때 뭐라고 이야기했는지 기억나시나요?

수현 아빠   기자들한테 그랬어요. "특종이 그렇게 좋으면 오늘 내한테[나한테] 아주 엄청난 특종 하나 보게 될 거다. 이 길은 아이들이 살아서 오면 긴급한 애들은 헬기를 타고 와야 되고, 안 그런 애들은 앰뷸런스를 타고 나가야 될 길인데 니네 다 막아놨으니까 이걸 어떻게 나가느냐? 말이 안 되는 것 아니냐? 빼라" 그러니까 안 빼는 거예요. 그래 가지고 막 난리를 쳤죠. 난리를 쳤더니, 가장 먼저 와서 교통, 그 구분을 한 것이 119, 자기네들도 애로 사항을 느끼고 있었는데, 어떤 미친놈이 하나가 흔들어주니까 자기들은 오히려 고마운 거예요. 그러니까 본인들이 나서가지고 마이크 들고 하면서 [교통정리를] 하고, "경찰은 빨리 주차 단속해라" 이런 식으로 하니까 나중에 빼더라고요. 가장 먼저 뺐던 데가 JTBC가 최고 먼저 빼시더라고요. 그 양반 하시는 말씀이 "우리가 최고 먼저 뺐던 것만 끝까지 기억을 해주십시오"라고 말씀을 하시더라고요. 누군지는 기억이 안 나는데 가장 늦게 뺐던 것이 광주 MBC. 아주 끝까지 버티시다가 빼더라고… SBS하고. 원래도 MBC에 대한 감정이 별로 안 좋았었는데, 그때 특히 더 안 좋아졌던 걸로 [기억합니다].

9
사찰 경험과 이후 트라우마

면담자　　진도에서 정부가 초기 대응을 미흡하게 했던 것에 대한 기억을 좀 더 많이 모으려고 하거든요.

수현 아빠　　예.

면담자　　그래서 진도나 팽목항에서 분노했던 일, 작은 거라도 기억에 남는 것 등이 있으시면 말씀해 주세요.

수현 아빠　　글쎄요. 갑작스럽다 보니까 워낙 많이 잊어버려 가지고….

면담자　　그렇죠. 너무 많은 일들이 있었죠.

수현 아빠　　기억력이 되게 많이 안 좋아졌어요. 이런저런 일들이 많았었지요. 구조가 지연이 되고, "일부러 안 들어간다", "잠수사들 안 들여보낸다", 이래 가지고 저희가 팽목항 근처에 다니면서 잠수사들과 직접 면담을 하고 그랬던 기억도 나고…. 심지어 우리 와이프 같은 경우에는 그때 구조를 위해가지고 사람들이 수색 끈 이런 걸 매듭짓고 하니까, 와이프가 그게 도움이 된다면 "내가 끈이라도 매겠다" 그럴 정도로 절박한… 그런 부분도 있었었고. 유가족과 유가족들이 [서로] 믿지 못하는 거, 그런 것들이 제일 잔혹했던 것 같아요. 유가족들이 어떠한 증거 채증을 위해서 저도 좀 많이 찍으려고 그랬었고 하다 보니까, 휴대폰에라도 영상이나 녹음이나 하려고 그러면, 전부 다 적군처럼 보이니까, 전부 다 기자처럼 보이고 전부 다 정보원처럼 보이니까, 그 누구도 찍지 못하게 하는 거죠. 그렇게 하면 막 날아가고 그렇게 되니까, 제가 볼 때는 무엇보다도 그게 되게 안타까웠고… 그랬던 부분이 많이 기억이 나고.

그다음에 거의 모든 사람들이 경험한 사실이겠지만, 이 감시당하는 부분. 정보관들이라든가 사복 경찰이라든가 하는 사람들이 너무나 많이 와 있으면서, 녹취를 했는지 영상을 찍었는지는 모르겠지만, 하여튼 감시를 당했어. 한 세 명 정도가 같이 얘기를 하면은 어떤 사람이 슬그머니 와서 서는 거야, 우리 셋이서 얘기를 하면은. 그러면은 참 분위기가… 그 사람 왔다고 얘기 안 하기도 그렇고, 얘기를 계속하기도 그렇고. 그래 가지고 묻는 거야. "당신 누구냐?" 그럼 "나는 누구 삼촌이다" 이렇게 얘기하는 사람들도 있고, "어디에서 여러분 도와주려고 온 목사다"라고 얘기하는 사람들도 있고. 그 당시에 대한민국에 그렇게 많은 삼촌과 그렇게 많은 목사님이 계신 거는 처음 봤으니까. 대충 다 삼촌이고, 대충 다 목사였고, 그래서 나중에는 목사라고 그러면 내가 대놓고 얘기했지. "목사 맞으면 주기도문이라도 한번 외워봐. 내가 보니까 요즘 목사들 주기도문도 못 외우는 목사들도 많던데" 그러면 가요, 왜 그러냐고 그러면서.

그럴 정도로 감시를 많이 당했고 결국에는 감시[당한 경험 때문에] 여기 와서도 심한 피해 의식을 느껴서, 사람들하고 같이 만나

42

더라도 가게나 그런 데 가서 만나지를 못하고… 심지어 비 오는 날 남의 집 처마 밑에서 만난 적도 있어요. 감시를 했는지 안 했는지는 모르겠지만, 그때 경험한 그런 것들을 보면, 그것도 트라우마라면 트라우마라고 생각해야 될 것 같은데…….'항상 뭔가가 우리를 자꾸 지켜보고 있다'고 생각하니까, 만나면 "어디서 만나자" 해서 안에 들어가서 만나는 게 아니고, "들어가지 말고 여기서 만나고 헤어지자"고, 비 맞으면서 얘기해 본 적도 있었고. 지금도 그래요. 지금도 그건 남아 있어 가지고, '우리 집도 도청 당하는 게 아닌가?' 와이프가 중요한 얘기 하려면 살살 얘기하라고 그럴 정도로 지금도 피해 의식을 가지고 있습니다. 휴대폰도, 저 같은 경우에도, 갤럭시 S4 쓰다가 그게 망가져서 다시 아들이 쓰던 S3로 기기변경 해서 쓰다가, 도저히 못 미더워서 아이폰이 좀 낫다고 하니까 없는 살림에도 불구하고 바꿀 정도로… 피해 의식을 많이 가지고 있죠.

10
아이 만나 장례 치를 때까지

면담자   아이를 만나게 되는 과정에 대해서 이야기를 해주세요.

수현 아빠   4월 22일 한 7시쯤? 7시… 쯤인가, 진도체육관 게시

판에 붙었더라고요. 몇 반, 몇 반 붙었는데, 그 옷 생김새… 우리 아들이 팬티는 항상 퓨마만 입었기 때문에, 퓨마 팬티에 키는 175에 머리는 어떻고, 뭐 이런 식에 그런 걸 봐서, 와이프한테 물어봤지. "수현이, 퓨마 팬티 입었지?", "그렇다"고 하니까 "저게 아무래도 우리 수현이 같다, 한번 가보자", 본인도 "맞는 것 같다" 해서 일단 어떻게 될지 몰라서, 진도체육관에 짐이 있었으니까, 짐을 다 챙겨놓고 팽목항으로 갔죠. 가니까 밤 한 10시 넘어서… 팽목항에서 아이가 들어왔고, 지금으로 말하면 7반에 ☆☆☆인가, ☆☆☆인가? 하여튼 ☆☆이라는 애가 있는데, 그 집 엄마는 자기 아들인 줄 알고 왔더라고. 그래 가지고 얘기를 하는데 "금으로 이를 때웠다"라고 하니까, 그 엄마는 "아, 우리 애는 아니네요" 하면서 빠지더라고요. 그분은 있고, 저하고 와이프하고 시신 안치소에 들어가 가지고. 반대 방향으로 눕혀놨더라고… 들어가는 데에서 보면 발 부분이 우리 쪽으로 놓게 되어 있고, 머리는 바다 쪽으로 그렇게 눕혀놨더라고. 그 거리가 꽤 되는데, 우리 와이프가 벌써, 저…쪽에서, 식별하기도 힘든데 딱 보더니 찾아가서 안더라고. 그때 봐서는 시신 상태는 정말 잠만 자다 나온 아이… 7일 만에 찾았는데 잠만 자다 나온 아이처럼 보였고, 여기에 화상 자국이 있고, 한 군데 딱 찍혔더라고요. 그리고 손, 한쪽 손바닥이 물에 노출이 되어가지고, 목욕탕에서 오래 있으면 손이 퉁퉁 붓지 않습니까? 손 한쪽, 발 한쪽이 그렇게 되어 있더라고. 그걸로 미루어봐서는 에어포켓이 있었다고 봐도… [될 거 같아요]. 저는 그렇게 믿죠. 왜 믿냐면 시신 상태도 그렇고, 전체가 빠졌다고 하면 다른 건 그렇다고 하더라도, 이쪽 손도 동일한 상태가 됐었어야 하는데, 한쪽 손만 그렇게 되어 있었다는 부분이 그렇고.

우리 아들 같으면 동영상에도 나오듯이, 원래 동영상 찍을 때 B-19호에서 찍은 걸로 돼 있거든요. 11시 11분, 아, 10시 11분, 10시 11분에 수현이 휴대폰으로 동혁이를 마지막 촬영을 하게 되거든요. 그때도 10시 11분에도 사진의 위치로 봐서는 원래 동영상을 찍었던 위치에 있었던 것으로 되어 있었습니다. 근데 실제로 시신이 나온 거는 F-4에서 나왔거든요. 저는 그걸 대단히 의아스럽게 생각했어요. '분명히 B-19에 있었는데 애가 왜 F-4에서 나왔을까?'라는 부분을 가지고 생각을 했었는데, 어느 날인가 집에서 서류를 검토하다가, (생수병을 수평으로 눕힌 채로) '여기가 B-19고, 여기가 F-4 선수다. 그러면 여기서 여기까지 갔었네'라고 생각을 했었는데, 어느 날 하루는 이걸 세워봤지. 배가 이렇게 (생수병을 비스듬히 기울이며) 되어 있었던 것 아닙니까, 그죠? 배가 이렇게 되어 있었으니까, 분명히 물이 들어올 때, 한꺼번에 들어왔던 것이 아니고 이렇…게 (아래서부터 손짓하며) 차서 올라왔을 것 아닙니까? 그러면 맨 앞에 와 있었으니까, 여기서 있던 애들은 그럴 가능성이 있다는 거죠. 같이 있던 애들 중에서 동혁이가 있었는데, 동혁이는 또 그 부분에서 나왔어요. 그래서 동혁이 아빠한테 내가 물어봤죠. "동혁이 수영할 줄 아느냐? 못하느냐? 수영 못하지?" 그러니까 "아이고, 어떻게 아셨어요?" 그러더라고. "내가 보니까 동혁이 수영할 줄 모른다" [했죠]. 왜냐면 우리 아들은 수영을 잘했거든요. 제가 중학교 1학년, 2학년 다닐 때, 시골에 강에서 수영하다가, 수영 강사 없이 수영 배운 사람들이니까, 한번 물에 빠져서 죽다 살아난 적이 있었거든요. 제가 물 기피증이 있어 가지고… 우리 수현이 같은 경우에는 초등학교 들어가기 전부터 수영을 가르쳤거든. 그래서 수영을 잘해요. 그러니까 물이 차 들어가지고 오니까 그걸 헤치고 맨 앞에까지 갔던 거지. 거꾸로 얘기하면, 대한민국 해경이 사건 발생 초기에 수중 수색 구조에 대한 계획을 세워가지고 실시를 했더라면, 우리 아들은 아니더라도 몇 명은 구조할 수 있었을 것이다, 저는 그렇게 믿고 있습니다.

제가 지금까지 재판서류와 수사서류를 다 뒤져봤는데, 관련된 건 얼추 다 뒤져봤는데 불행하게도 수중 수색, 특히 배가 넘어가고 난 다음에 수중 수색 구조를 세우고 실시했다는 기록은 하나도 없더라고. 애초에 수중 수색 하고 싶은 생각은 없었던 걸로 저는 그렇게 판단하고 있습니다.

면담자   아이를 확인하고, 이후에 어떻게 올라오셨는지요?

수현 아빠   18시 43분에 찾고, 10시 넘어서 확인하고, 검사와 의사의 검안이 있다 보니까, 목포… 어느 병원인지 그건 기억이 잘 안 나는데, 병원으로 가서 검안을 하고 올라왔지요, 앰뷸런스로. 그때가 밤 한 12시? 1시? 이때쯤 출발해 가지고 여기 올라오니까 막 날이 밝기 시작하더라고요. 4월 23일 날이죠. 23일 날 아침에 날이 새기 시작하는데, 단원… 아니, 단원이 아니고 고잔 신도시 이마트 앞에 단원병원인가, 현대병원인가? 하여튼 병원이 있었는데, 거기를 갔더니 아이 시신은 냉동고에다가 넣어놓고 3일 있으라고 그러더라고, 장례식장이 없어 가지고. 그래 가지고 "다른 데는 없느냐?" 그러니까 시화병원 거기를 해줬고, 그때 수현이 친구, 범수라는 애도 같이 올라와 가지고 그 친구하고 시화병원에 가서 장례식 치르고.

문제는 우리 같은 경우는 그래도 다른 집보다 빨리 올라오다 보니까 시화병원에 갔는데, 그래도 비교적 공간이 여유가 있는 데 갔었고…. 그마저도 뒤에 오는 친구들은 아주 막 열악한 상태… 저쪽에서는 염을 하는데, 이쪽에서는 사람들 접견을 받는 그런 환경이더라고…. 그래 가지고… 내가 "이 상태라면 장례식 치르지 않겠다. 사람에 대한 기본적인 예의가 있지. 망인을 보내는데 저 옆쪽에서는 술판 벌이고, 응? 어떻게 그게 되냐? 기본적으로 빨리 확인해서 [조치를 취]하지 않으면 우리 장례식 안 치른다" 그래서 시화병원에서 부랴부랴 판넬 사가지고 와서 방을 칸막이로 막아가지고 저한테 확인받고 나서……. 초기에는, 어떻게 보면 한꺼번에 그렇게 많은 사람이 사망하는 것을 처음 겪어서 그랬겠지만, 이곳저곳에서 정말 인간적인 배려가 없었다고 저는 생각합니다.

수현이 핸드폰 영상

면담자 아버님 인터뷰를 하게 돼서 찾아보니까, 아이 핸드폰 기록을 발견하고 따로 보관하시고 그러셨던데요. 그 과정을 얘기해 주십시오.

수현 아빠 아이를 찾고 났는데 아이 배 위에다가 휴대폰을 얹어놨더라고요. 배 위에다 휴대폰을 얹어놨는데, 내가 일부러 안 가져왔어요. '저 새끼들 저거를 어떻게 하는지 내가 한번 지켜볼 것이다' 그래서 휴대폰을 아예 안 가져오고 [놔뒀더니], 검안하러 와서도 안 주는 거예요, 휴대폰을. 그래서 '어디까지 안 주나 한번 두고 보자' 그렇게 있다가, 아마 그 사람들이 내가 봤을 때는 확인했을 거라고 생각하는데, 염을 하고 나니까 주더라고요. 내일 장례식을 치르려고 오늘 염을 하는데, 그러고 나니까, "이게 주머니에서 나왔습니다" 그러면서 장의사 그 양반이 주더라고. 그래서 일단은 뒤를 열어서 SD 카드하고, 제가 분리했지요. 그 상태에서는 장례식을 치르기 전인데, 들여다보고 할 시간은 없었고. 4월 25일 날 오후에, 오후 한 6시, 7시쯤 그걸[핸드폰을] 받았던 것 같고. 그리고 4월 26일 날 우리가 장례식을 치렀고, 4월 27일 새벽에 다 잘 때 [혼자 봤어요]. 우리 와이프는 그걸 봐가지고는 [안 될 거 같아서]…. 실제로 워낙 건강 상태가 안 좋아 가지고 그때 와이프가 링거 맞고, 시화병원에서 처방전 받아가지고 휠체어 타고 다니고 그랬을 거예요.

그래서 좀 그럴 것 같아 가지고, 혼자 새벽에 일어나서 SD 카드를 빼가지고 제 핸드폰에 넣고 플레이를 시켰더니, 플레이가 되는 거예요. 보니까 사진 한 40장하고, 동영상 3개가 나왔고, 동영상 하나는 사고 전날 불꽃놀이, 10시에 불꽃놀이하는 그런 동영상이 나왔고, 2개는 8시 52분 29초에서부터 해가지고 짤려가지고… 하나는 5분, 하나는 9분, 이렇게 2개를 가지고, 동영상이 사고 초기에 관한 부분이 나왔고. 저도 장례식 치르고 하면서 언론하고 그걸 [뉴스를] 다 보지는 못했지만, 그 당시에 언론에서 나왔던 모습하고는 전혀 다른 모습이 실제로 휴대폰 동영상에서 나왔고, "가만히 있으라"는 부분하고 사고 초기 기울기를 추정할 수 있는 그런 것도 나오고 하다 보니까, 그때 생각을 많이 했지요. '이거는 가만히 가지고 있을 성질은 아닌 것 같다. [동영상을] 이슈화를 시켜가지고 조금이라도 [진실을] 바로잡는 데 [사용되도록] 해야 되겠다'라고 생각을 했고. 진도에 있었을 때, 이 나라 언론의 시작과 끝을 다 봤으니까……. 그래서 '이 타이밍에서 그거를 공정하게 보도를 해줄 데가 어디 있느냐?'라는 고민을 솔직히 많이 했죠. 그때 생각을 했던 게 '그래도 손석희 사장은 내주지 않을까?'라는 생각을 했고, 그리고 '뉴스타파가 나름대로 그렇다[공정하다]'고 생각을 해가지고 '일단 시차를 두고 내자' [하고 생각했어요].

제가 김관 기자[JTBC 기자]를 진도를 내려가서 사귀어 놨었거든요. 그 친구한테 메일로 보내가지고 '어떻게 생각하느냐?' 그래서 "'뉴스9'[JTBC 9시 뉴스] 생방으로 갑시다"라고 얘기를 했고, 28일 날인가, 27일인가 '뉴스9'에 나왔고, 29일에 에 다시 나왔고. 사실 JTBC에서 냈던 부분이 정지 화면으로 나오면서… 제가 생각할 때 좀 불만스럽게 전달됐다고 생각해 가지고, '뉴스타파'하고 할 때는 "1초도 끊지 않는다는 조건으로 하지 않으면 내지 않겠다"고 얘기해 가지고 오히려 '뉴스타파'를 통해서 나갔던 게 전체적으로 보면 호응이 괜찮았고, 그게 이 세월호 사건에 대한 기존의 언론관을 바꾸는 계기가 되었던 것은 틀림없던 것 같아요. 제가 지금 와서 생각을 해봐도, 그다음서부터 사고 원인에 대한 부분도 좀 더 그랬던 것 같고.

면담자　　　보도에서 바뀐 지점들에서.

수현 아빠　　그렇죠. 보도 방향이라든가.

면담자　　　예를 들어서 말씀을 해주시면요?

수현 아빠　　글쎄… 정확히는 기억은 안 나는데, 그전에는 선장 퇴선 명령이라든가 이런 부분도 그랬고 정말, "가만히 있으라"는 이야기가 암암리에는 흘러나왔지만 그거를 증명할 수 있는 거는 없었는데, 여기서는 뭐. 특히 "단원고 학생은 가만히 있으라"는 얘기도 또 거기서 나왔고, 그러니까 부모들 입장에서 보면 되게 충격을 받았던 것은 사실이죠. 나중에 와서, 사진에서도 일단은 배가 기운 상태로 갔다는 부분은, 확실하지는 않더라도 그래도 추정할 수 있는 근거는 됐었으니까. 지금 와서 보면 배가 기운 상태로 갔던 것은 틀림없던 것 같아요.

12
진상 규명 활동

면담자　　핸드폰 동영상을 '뉴스타파'에 공개할 때 보니까, 동영상에 나오는 아이들 부모님들한테 동의를 구했다고 했는데, 모자이크 처리를 한다고는 했지만, 이 과정을 아버님이 확인을 하신 건지요?

수현 아빠　　사실은 처음에 제가 '뉴스타파'에다가 이야기할 때 "목소리는 변조를 해달라" 왜냐면 우리 부모들끼리 잘 알지 못했으니까. "얼굴은 모자이크 처리해 주고, 이름 나오는 부분은 삐 처리를 해달라" 그 이야기는 했었습니다. 다 알지도 못하는 상황에서 괜히 나서가지고 [보도를] 한다면, 그렇다고 그걸 빼고 나서 하면 목적에 부합하지 않는 것 같고. 어쨌든 제가 독단적으로 할 수밖에 없는 상황이었고, 대신에 그것[목소리 변조와 모자이크]만 처리를 해달라고 얘기를 했었고, 나중에 가서 부모님들이 영상은 그거 처리하지 말고 원안대로 다 내자고 이야기가 돼서, 우리 애들 영상뿐만 아니라 다른 영상도 원본대로 내는 걸로 지금은 다 그렇게 통하고 있는데, 사고 초기에는 그게 아니라서.

면담자　　삐 처리가 욕이 아니라 이름이었네요.

수현 아빠　　욕도 그렇지만 이름 나오는 부분은 삐 처리 해달라고 이야기를 했었습니다.

면담자　　　저도 어제 영상을 다시 보는데, 4·16 관련해서 기억에 남는 영상이었거든요. '아, 이 아이가 내일 만나는 아버님 아이구나' 하는 생각이 들어서, 그래서 여쭈어본 거예요.

수현 아빠　　　첫 번째 나오다 보니까.

면담자　　　첫 번째인 것도 그렇지만, 그 동영상 덕분에 아이들의 시선에서 다시 사건을 보게 된 것 같아요. 그전에는 '구조를 어떻게 할까?'만 생각했었는데……. 그러면 장례하고 그 보도 이후에 일들을 얘기해 주신다면요?

수현 아빠　　　이상하게 그것 때문인지 몰라도, 그 이후에 언론의 관심을 많이 받았던 것 같아요, 결론적으로만 보자면. 동영상 자체가 공개되었지만 그 소유자에 대한, 그거를 가지고 있어도 [저작권 때문에] 타 방송국에서 내지를 못하다 보니까. 그다음에는 외적으로 정부에 대한 불만 표시로 분향소에서 영정 빼가지고, 그때 좀 그랬던 것 같고… 김×× 교수 덕분에 또 언론에 얘기를 많이 했던 것 같고… 아무튼 분해 가지고 길길이 날뛰다 보니까…….

면담자　　　그때 상황을 좀 설명해 주시면요?

수현 아빠　　　작년 5월 7일, 8일쯤 되었던 걸로 기억하는데. 대통령이라는 사람은 4월 17일 날 진도체육관에 와 가지고, 자기가 철저한 진상 규명과 책임자 처벌을 하겠다고 얘기는 하고 갔지만, 달라지는 것은 없었고. 돌아가는 꼬라지 봐 가지고는, 그때 이미 유병언이라든가 이런 친구들에 대한 것으로 [관심을] 넘기는 분위기였고… 그래 가지고 사람들하고 "단결해 가지고 어떻게 뭔가를 해보자, 말자" 이런 이야기를 어떤 사람들하고 얘기를 했는데 그때 잘 안 되었던 것 같아요. 우리 부모님들 내부적으로도 서로 잘 알지도 못하는 상황이었고, 또 전부 다 각기 자기네들 꿈꾼 부분도 있었었고, 그래서 '이런 분위기에서는 좀 그렇겠다' 그래 가지고, 우리 아이들도 그런 혼탁한 데다가 두는 것도 좀 문제가 있는 것 같고……. 그래서 내가 가서 분향소에서 우리 아이 영정을 빼 가지고 집에 갖다 놨었죠.

그런데 그게 우연찮게 CBS '김현정의 뉴스쇼'에 알려져 가지고 "그쪽에서 왜 뺐느냐?" 그래서 그때, "본질이 목적과 상관없이 장례쇼하는 곳에는 우리 아이들을 둘 수가 없다. 그래서 그 항의로 나는 뺐다" 해서 있는데, 그게 이상하게… 그 당시에는 세월호 자체만 하더라도 자꾸 사람들 관심이 되고 그랬으니까, 다른 데서 퍼나르기를 하다 보니까, 이상하게 언론에 노출이 되었었던 것 같고. 그리고 언제인지 기억은 잘 나지 않으나 김×× 교수가, 지금은 그만뒀지만 홍익대 김×× 교수, 그 친구가 미개인 발언, 어쩌고저쩌고 해가지고……. 어떤 경우냐면, '김현정의 뉴스쇼'에서 출연을 했으니까 출연료를 주겠다고 그러더라고. 그래서 출연료를… "됐다" [고 했죠]. 그런데 그날 오후에 김×× 교수가 그래 가지고 내가 다시 [CBS에] 전화를 했지요. "내 출연료를 받아야겠다" 그러니까 "아, 그러시냐?"고 그러더라고. "단, 돈으로 안 받고, 내가 쓴 글을 거기다가 내다오. 언론화시켜다오. 도저히 분을 못 참겠으니까 그렇게 해달라"고 하니까. 그래서 내가 장문의 글을 거기다가 보냈었죠. 보냈더니, 거기서 자기들한테 민감한 부분은 칼질을 하고, 칼질을 하고 나서 '노컷뉴스' 이런 걸 통해가지고 알려졌는데, 그게 또 여기저기서 퍼 나르기 하고 이래 가지고 또 한 번 노출이 됐었고. 그때서부터 와이프는 집에 가만히 있으라고, 자꾸 언론에 나오면 안 좋다고. 그다음서부터는 조용히 살려고 노력을 많이 했죠.

13
일상 이야기

면담자 　그래도 활동을 계속하셨잖아요.

수현 아빠 　네. 어쩌다 보니까 그렇게 됐습니다. 나중에 와서 진상규명분과장을 하고, 본의 아니게.

면담자 　진상규명분과장으로 활동할 당시 인터뷰 중에, 영상 공개하면서 들었던 고민들에 대한 이야기가 많이 나왔었는데, 그 부분을 자세히 말씀해 주세요.

수현 아빠 　[질문이] 어떤 취지인지 내가 잘 모르겠는데?

면담자 　아, 아이가 이걸 왜 기록했을까?

수현 아빠 　예, 예, 예.

면담자   그런 생각을 많이 하셨다고 [인터뷰에서 말씀하셨잖아요].

수현 아빠   수현이 같은 경우에는, 어떤 말을 하면 근거를 들어서 얘기하는 걸 되게 좋아해요. 남들이 믿지 않을 것 같으면, 자기의 주장을 하기 위해서 항상 근거를 들어두는 것을 좋아하고…. 우리 딸아이하고는 다르게, 세상을 살면서 복잡한 문제가 생기고 그러면 저한테 물어보죠. "아빠, 이거는 만약에 법상으로는 위반이 돼, 안 돼?", "왜 안 돼?" 이런 식의 질문을 많이 하는 녀석이고. 사진을 많이 찍거나 잘 찍지는 못했지만, 저하고 같이 나가면서 좋은 사진의 의미, 기록 사진의 의미 같은 것들을 많이 얘기를 해준 입장이었고…. 동영상은 동영상대로 그렇다지만은, 사진 몇 장을 보면 '얘가 과연 아침 일찍 일어나 가지고 왜 저 사진을 찍었을까?'라는 의문은 내 스스로가 많이 해보게 되었거든요.

의심을 했던 것이, 하나는 7시 27분경에 배 안에서 찍었던 조명에 관한 사진이고, 아직까지도 솔직히 왜 찍었는지 이해가 되지는 않는데, 실수로 찍을 수는 없는 거니까. 밑에는 이렇게 만지다 보면 실수로 찍을 수 있지만은, 하늘을 쳐다보고 실수로 찍을 수는 없는 거니까, 그거는 실수로 찍은 사진은 분명히 아닌 거고. 난간… 같은 경우에도, 얘가 거기 파이프가 가로하고 세로하고 연결되어 있고, 저쪽 바다하고 연결되어 있는 그 부분밖에 없는데, 그걸 굳이 6시 반경에 일어나서, 그걸 찍었다는 것 자체를 저는 의아스럽게 생각해요, 지금도.

그래서 저는 "뉴스타파"에다가 내고 할 때는 '분명히 전달하려는 메시지가 있었을 것이다'라고 생각하고, 그 생각 자체는 아직도 변하지 않습니다. 적어도 난간에 대한 부분은 [생존자] 서희근 씨가 얘기했던 "군산서부터 뭔가 문제가 있었다"고 얘기했었기 때문에, '그것을 뒷받침하는 자료가 아니었나'라고 생각하고 있고, 그 부분은 제가 인터뷰 과정에서 어필했었고. 실제로 지금 와서 아이들이 남겨놨던 기록을 보다 보면은, 어떤 아이 핸드폰에 보면 인천에서 나갈 때 이미 기울었다고 카톡 메시지로 보낸 것이 있습니다. 그런데 서희근 씨가 그 얘기를 하니까, 군산과 변산반도, 그 3시에서 4시, 2시, 3시 그 사이에 기울었다고 하니까 전부 다 거짓말인 것처럼, 설[인 것]처럼 밀어붙이고 했었는데, 제가 관련된 자료들을 뒤지면서 보니까 실제로 인천에서 출발할 때 나갈 때 이미 배가 찌뿌듯한[기우뚱한] 상태에서 나간 것은 틀림없는 것 같아요. 근데 가면서 그 과정에서 더 악화가 됐겠지요. 실제로 악화가 되고, 군산 그쪽에서도 아마 [더 기울어지게] 됐다고 생각을 해요.

중요한 건 [악화가] 됐는데, 그걸 입증하는 부분이 선내 CCTV였는데… 그 선내 CCTV를……. 저는 그렇게 생각해요. 사고 초기에 CCTV가 설치돼 있다는 걸 알고 있었고, 그렇다면 검찰이나 어디가 됐든지 간에 먼저 끌어올려 가지고 그 부분에 대해서 손을 대고 난 다음에 다시 갖다 놨다가 다시 꺼냈을 것이라고 나는 주장을 해요. 그렇게 의심할 만한 근거는 상당히 많고 지금도 가끔 가다가 선내 CCTV에 대한 동영상을 검토해 보는데, '충분히 의심할 만한

가치가 있다'고 생각을 하고… 그런 연장선상이라고 보면 되실 것
같습니다.

14
진상규명분과 활동

면담자　　　장례 치르고 나서 1년 동안 선생님한테 가장 기억에
남는 일이 있으시다면 어떤 일인가요?

수현 아빠　　　글쎄요. 그다음부터는 서러움만 겪었으니까. 개인적
으로야 아무래도, 저는 9월 21일서부터 올해 2월 말까지 진상규명
분과에서 일을 했고, 그때가 가장 기억에 남을 수밖에 없겠죠. 특
히 특별법 제정과 관련된 그 마무리하는 시점. 그리고 지금 아직도
발을 떼지도 못하고 있지만은, 현재 이석태 위원장을 중심으로 해
서 하는 특위[4·16세월호참사 특별조사위원회] 위원. 우리와 이야기
하는 사람들, 우호적인 사람들 10명 선정하는 부분. 그 부분에서
나름대로 최대한 객관성을 가지고 차고 나가면서 그런 조사위원회
가 구성이 됐고. 수적으로 어차피 17명이었으니까. 17명 중에서 최
소 우리에게 우호적으로 할 수 있는 사람, 열 사람을 확보를 하기
위해 가지고 이리저리 노력했던 부분, 개인적으로는 그 부분이 가
장 기억에 남고. 어쨌건 조사위원회가 가지를[제대로 진행되지를] 못
하고 있으니까 그렇긴 한데, 그래도 그 부분은 제가 '열심히 했다'

라고, '그럭저럭 잘했다'고 자평은 하고 있습니다. 남들이 인정을 하든 안 하든 간에…….

면담자   아버님 말씀하시는 걸 들어보면 꼼꼼하신 것 같아요.

수현 아빠   그래요?

면담자   예. 진상규명분과를 맡게 되신 과정은 어떻게 된 건지요?

수현 아빠   아시다시피 '대리기사 폭행사건' 때문에 집행부가 그렇게 공석이 됐었고, 이래저래 하다 보니까 '박종대' 하면 진상 규명에 대해서 관심이 많은 사람으로, 가족들 중에서도 알려져 있었던 부분이 있었었고. 저 자신도 아들의 죽음에 대해서 적어도 그 정도 하지 않으면, 결과에 대한 성패보다는 내 마음속에 있는 부분에서 너무 가슴이 아프고 당당하지 못할 것 같아 가지고… 했죠. 그 당시에는 사람들이 제가 적임자라고 생각하긴 했었던 것 같아요. 처음에 나갔을 땐 제가 기억하기엔 [후보자가] 3명인가, 4명인가 나왔는데도 불구하고 제가 과반수 이상을 확보를 했었고, 두 번째 할 때는 210명 중에서 206명이 저를 찬성을 해줬으니까. 그 당시에는 그게 최고 점수였으니까(웃음).

면담자   95퍼센트 이상이 찬성을 하신 거네요.

수현 아빠   조사특위[세월호 침몰사고의 진상규명을 위한 국정조사 특별위원회] 자체가 제대로 가지 못하고 지루한 싸움이 되는 와중

에, 거기서 그 부분을 다 하는 것보다는 밖에 나와서, 다른 쪽에서
돌파구를 찾는 것이 맞는 것 같아서, 제 개인적으로는 그때 2월 말
에 사퇴를 했던 것이고….

15
언론에 대한 불신 경험

면담자　　　아이 시신이 올라왔을 때, 핸드폰을 언제 주나 보는
과정 같은 것들을 이야기하실 때 보면, 정부에 대한 기본적인 신뢰
자체가 많이 무너져 있었다고 보이는데요. 정부에 대한 신뢰가 무
너진 계기나 결정적인 이유 같은 게 있으셨나요?

수현 아빠　　　계기라기보다는 그런 것 같습니다. 사고 첫날 우리
가 여기서 내려갔을 때, 어떤 기대되는 행위 자체가 첫날에 다 무
너져 버렸으니까…. 거기서부터 시작을 해서, 4월 18일 아침으로
기억되는데, 정부의 구조와 대응 등 이런 부분이 잘 안 된다고 해
서 유가족들이 감정이 격화되어 있었고, 그때 이런 것을 국민들
에게 알린다는 것을[알리기 위해] 방송을 하기로 했었어요. 그래서
'어디가 그걸 화끈하게 내줄 수 있느냐?'를 우리가 고민을 했었
고, 아침에… "그래도 인지도나 이런 걸 생각했을 때 YTN이 좋겠
다" 해서 YTN을 선정하고 "손을 하나도 안 대는 생방송으로 가자"
라고 얘기를 하고 YTN에서도 거기에 대해서 동의를 했고….

막상 하려고 하는데, 그 중간에 반대자가 나서가지고 그걸 막아서 1차로 실패를 한 거죠. 그래 가지고 "다시 하자"고 해서 했는데, 그때 여러 사람이 있었지만, 접근을 차단하기 위해서 YTN 그 사람하고, 우리 유가족 중에 한 사람하고 해서 그 안에 들어가서 "정제된 표현도 쓰고 해서 원고를 수정을 하자" 그렇게 되었었고… 우리는 다른 사람들이 못 들어가게 하기 위해서 밖에서 차단을 하고 있었었고 그랬는데, 우리의 실책이라면 실책인데, 원고를 확인 안 하고, 그 사람을 믿고 생방송을 가긴 간 거예요. 갔는데, 그 짧은 순간에 들어가서 그 사람이 왜 그랬는지 모르겠는데, 속된 말로 원고에다가 마사지[윤색]를 엄청나게 해가지고, 우리가 얘기하고자 하는 바를 다 못 하게 만들었다고……. 그래서 "이게 뭐지?" 했었고, 그것도 생방송이라고 했는데 실제로 나온 거하고 비교하니까 한 1분 차이가 나는데 그 사이에서도 손을 댔더라고. [방송] 기술이 대단히 놀랍고 감탄을 했는데, 그랬던 것으로 기억이 나고. 그런 와중에서는 신뢰가 생길래야 생길 수가 없죠. 아까 말씀드렸다시피 한쪽에서는 계속 감시한다고 생각하고, 말을 잘해줘야 하는 보도는 통제된다고 생각하고, 또 한쪽 구석에서는 계속해서 분열을 책동하고 있다고 생각하고. 그럼 신뢰란 건 있을 수가 없으니까, 그렇게밖에는 생각이 안 드는 거죠.

면담자　　　원래 가지고 갔던 원고에 마사지를 많이 했다고 하셨는데, 원래 가져갔던 내용은 어떤 것이었는지요?

수현 아빠   우리가 얘기했던 거는 "현재 정부가 구조를 하나도 안 하고 있다", 그다음 "지금 방송에서 이야기하고 있는 것은 다 거짓이다", 이런 식의 얘기였죠. 그런데 처음 생방송 갈 때는 사람들이 격해져 있으니까, 그걸 들고 그대로 마이크를 가지고 방송을 시작하는데, 어떤 사람이 와서 커트를 시킨 거예요. YTN에서 탁 꺼버렸으니까, "방송 사고다" 이렇게 해버렸으니까. 그래서 다시 가는 걸로 하는데, 대신에 너무 그러면[흥분하면] 그러니까 그렇게[절제된 언어로 원고를 수정] 하자고. 우리는 그 사람을 믿고 나서 빨리 해야겠다는 생각만 했으니까. 사실 그때 우리가 프로가 아니었고, 지금 정도라면 그렇게 안 하겠지요. 이미 너무 많은 경험을 했으니까. 그런데 그 당시에는 그런 경험이라고는 하나도 없고, 우리가 언제 마이크를 잡고, TV를 상대로 그런 걸 해봤겠습니까. 실책이죠, 실책은. 그 와중에서도, 그 짧은 순간에서도 사람들이 그 안에서 그렇게[방송을 편집] 할 수 있다는 것이 저는 참 놀랍더라구요.

면담자   그때 우리라 함은 유가족분들인 거죠?

수현 아빠   그렇죠. 유가족이었죠. 누구 아버지라고는 얘기를 못 하겠는데, 유가족이고, 그 당시에는 그 양반도 속된 말로 꽤 나댔던 양반인데, 결정적인 순간에 그렇게 되더라고.

면담자   첫날 기대되는 행위가 무너졌다고 하신 부분은 어떤 것인지요?

수현 아빠   아까 말씀드렸잖아요. 여기서 내려가면서부터 MBC

를 모니터링을 하고 내려갔는데, 거기서 속보를 내는데 그 과정에서도 신뢰성을 주지 못했다는 부분하고, 좀 전에 얘기했지만 감시를 받고 있다는 부분, 분열을 시키고 있다는 부분⋯. 감각적으로, '아, 이건 보통 장난이 아니구나' 했죠. 제가 가족협의회 나오면서, 밖에다가[외부에] 시민들하고 유가족 몇 명하고 세월호 진상을 밝히는 공부하는 모임이 있어요. 매주 1회 만나서 토론하고 앞으로 어떻게 할 것이냐 고민하는, 한 20여 명 되는 사람들이 매주 모여서 공부를 하고 있는데. 지난주에 우리가 사고 당일 KBS 뉴스 속보를, 10시 땡땡부터 한 것을 리뷰를 해봤어요.

사고 당시에⋯ 이렇게 한번 말씀 드릴게요. "지금이라도 가서 사고 당일 뉴스 속보를 보시고, 실제로 어떻게 되어 돌아갔는지 비교를 한번 해보시라. 그럼 놀라운 사실을 발견하게 될 것이다". 사람들은 자꾸 전원 구조 오보, 오보 하니까, 살았다는 것에 대한 오보를 한 것이라고 흔히들 생각하시는데, 사실 사고 당일 날 전원 구조는 오보가 아니에요, 그게 내가 봤을 때는. 어디 가서 그런 말씀을 하게 되면 저는 그거를 "전원 구조 오보"라고 얘기하지 않고, "계획된 오보다. 계획된 오보"라고 얘기를 하는데. 멀리 갈 필요도 없이, KBS 속보만 놓고 보면 누가 보더라도, '아, 이건 계획됐었구나'라고 생각할 수밖에 없는 그런 방송을 해요, KBS에서. MBC도 별로 틀리지 않아요.

거기 보면 어떤 경우가 나오냐면, 해경 자신도 지금 몇 명 구했는지, 배가 들어와 있는지, 빠져 있는지 모르는 상태에 있고, 서해

수현 아빠 박종대

해경청장도 엉뚱한 소리를…. 사고 당일 티알에스(TRS)[주파수 공용 무선통신] 녹취록이라든가 이런 걸 보면, 여기서는 이미 배가 빠져서 뒤에서는 넘어져서 엉망진창이 되어 있고, 어떤 애들은 벌써 저승까지 가 있는 와중에, 해경청장하고 목포 해경서장하고 대화를 하는 걸 보면 엉뚱한 소리를 해요, 아주 엉뚱한 소리를. 상황실에서 상황을 보고 있는 놈이 그런 소리를 하고 있는데, KBS에서는 전혀 이상한 방송을 해요. 뭐냐면 "꽝 소리가 났는데, 왜 났는지 모른다", "잘못하다간 바다로 뛰어내려야 될지도 모른다", "선장이 퇴선 명령을 내렸다", "해경이 뛰어내리라고 대공방송을 했다" 사전에 그런 얘기가 나와요, 사전에.

그러고 나서 전원 구조를 했다고, 전원 구조에 대한 방송이 나와요. 거기서 MBC는 한 발 더 나아가서 어떻게 하냐면, 전원 구조를 할 수 있었던 이유를 분석을 해요. 뭐라고 분석을 하냐면, "선장이 퇴선 명령을 내렸다", 그다음에 "해경이 마침 옆에 있었다", "그리고 날씨도 좋았고, 파도도 안 쳤다", "그리고 지금은 특공대가 들어가서 배 구석구석, 전원 구조를 다 했지만은, 혹시나 배 안에 모르는 사람이 있을 수 있으니까 특공대가 들어가서 샅샅이 뒤지고 있다" 이런 방송을 합니다. 400, 500킬로미터 밖에 있는 진도 해상에서 벌어지는 일들을 서울에 있는 아나운서가 어떻게 알았느냐? 대공방송을 하지도 않았는데 대공방송 한 것은 어떻게 알고, 퇴선 명령 내리지도 않았는데 퇴선 명령 내린 것은 어떻게 알았느냐?

그리고 그 당시에는 꽝이라는 소리는 나오지도 않았어. 나올 타이밍도 아닌데 어떻게 해서 꽝 소리가 나오느냐… 아이러니야, 아이러니. 그게 한 군데만 그랬다고 하면 그 방송사가 책임을 지면 되는 거야. 그런데 그 당시에 거의 비슷한 내용을 모든 방송사가 다 했거든. 전원 구조 시간이 어디서는 11시 1분이고, 어디서는 11시 6분이고, 어디서는 11시 13분이고, 어디서는 11시 20분이고 이 차이지. 방송 내용은 비슷했던 거예요. 그렇다면 뒤집어서 이야기하면 이건 시나리오가 있었던 거예요. 그렇지 않을까요? 의아스럽지 않아요……? 거짓말 같죠? 가서 한번 봐보십시오. 필요하시면 제가 떠[녹화해] 드릴게요. 다른 건 몰라도 제가 KBS하고 MBC하고는 제가 영상을 가지고 있습니다. 처음 듣는 소리죠? 우리 부모님들도 이거 아시는 분들 몇 안 돼요. 다시 보지를 않았으니까. 저는 혹시나 나중에 되면 그럴 것 같아서, 작년에 어느 날인가, 혹시 이 새끼들이 화면 날려버릴까 봐, 그때 제가 다운을 미리 한번 받아놔서, 다른 데는 안 받고 KBS하고 MBC는 제가 받아놨습니다.

면담자 　　　아버님, 오늘은 여기까지 하고, 다음번에 말씀을 더 듣도록 하겠습니다.

수현 아빠 　　　예, 그러시죠.

면담자 　　　네, 그러면 오늘은 이것으로 마치겠습니다. 감사합니다.

수현 아빠 박종대

2회차

2015년 7월 21일

1
시작 인사말

면담자   본 구술증언은 4·16 사건에 대한 참여자들의 경험과 기억을 기록으로 남김으로써 이후 진상 규명 및 역사 기술에 기여하고자 합니다. 지금부터 박종대 씨의 증언을 시작하겠습니다. 오늘은 2015년 7월 21일이며, 장소는 안산시 글로벌다문화센터입니다. 면담자는 김향수이며, 촬영자는 강재성입니다.

2
진상규명분과장을 맡게 된 계기

면담자   지난주에 말씀하셨던 진상규명분과 활동하셨던 이야기를 좀 더 들어보고 싶은 데요. 아버님께서 진상규명분과장을 하시게 된 특별한 계기나 동기가 있으셨어요?

수현 아빠   동기는 다 아시다시피 작년 8월 달인가, 9월 초인가 우리 1기 집행부 친구들이 본의 아니게 폭행사건[에 휘말려서], [새] 집행부 구성이 되었어야 했고, 누군가는 [진상규명분과장이] 되어야 한다고 생각했었고, 주변 사람들도 [제가] 나오기를 강력히 희망을 했던 것도 있었고, 저 자신도 이 사건의 진상 규명에 대해서 지대한 관심이 있었고, 또 제가 『금요일엔 돌아오렴』에서 인터뷰 할 때 "아들이 내준 숙제다"라고 이야기했을 정도로 마음에 무거운 짐을

지고 있었기 때문에, 당연히 나가서 한 번 정도는 해야 된다고 생각했었습니다.

면담자   1기 집행부에도 진상조사 관련한 팀이 있었나요?

수현 아빠   저희가 4월 16일에 사고가 발생하고 나서, 5월 초순… 이때부터 완전하지는 않지만 집행부가 구성이 되기 시작했었습니다. 그리고 5월 말쯤, 5월 24일로 기억을 하는데, 진상규명분과라는 하나의 분과가 탄생했었고, 그때도 제가 사람들 입에 오르내리기는 했었는데, 그 당시에는 제가 회사를 다니고 있는 상태였었고, 그러다 보니까 이 업무는 전일 근무를 해야 하는 건데 제가 그렇게 못 하니까 고사를 했었고, 다른 분이 하시다가, 9월에 그 사고[1기 집행부 대리기사 사건]가 터지면서 다시 집행부를 구성하게 됐었고… 그래서 어쩔 수 없이 자의 반, 타의 반으로 나갔습니다.

면담자   진상규명분과장으로 '이런 걸 좀 해야겠다'고 생각하셨던 일이 있었다면 어떤 것들이 있을까요?

수현 아빠   글쎄요. 가협[가족대책협의회] 진상규명분과의 존재 가치[이유]가 진상 규명이니까, 그 부분에 대해서 해야 된다고 생각했었고, 당시에는 진상 규명 활동을 하려고 하면, 특별법에 의한 특별조사위원회가 구성이 될 수밖에 없는 상황이었고, 초기에는 특별법 제정 운동과 관련된 부분에 대해서 국회나 이런 데 가서 많이 협상을 하고 했던 거고, 그 부분이 작년 10월, 11월 초에 끝나게 됩니다. 끝나고 나서는 방향을 바꿔서 하나는 시행령, 지금도 불완

전한 채로 되어 있지만, 시행령 제정과 관련한 부분에 대비를 했었어야 됐고, 그다음에는 특별조사위원회의 위원회 구성과 관련된 부분, 그 부분을 집중적으로 노력을 했었던 걸로 기억이 됩니다.

면담자　　　　다른 분들께서 말씀하시길 배도 직접 보러 가시고. (수현 아빠 : 예) 여러 활동들을 많이 하셨다고…. 구체적으로 어떠한 활동을 하셨는지 이야기를 해주세요.

수현 아빠　　　배는 저 아래 가라앉아 있는 상태니까 보러 가지는 못하지만 해역에는 몇 번 갔다 왔고, 개인적으로는 진도에서 조도라든가 인근 주민들의 진술을 확보하려고 노력을 했었고요. 피해자들 중에서도 언론에서 핵심적인 말씀을 하셨던 분들에 대한… 면담을 하려고 노력을 했었고, 잠수사들도 많이는 아니지만, 일부 사람들 만나 뵙고 나서 그때 상황이 어떻게 됐었는지 그런 쪽으로 접촉을 하려고 노력했고요. 나머지는 서류와 관련된 작업을 많이 하려고 했었습니다.

　　참고로 말씀을 드리자면, 이 사건이 생기고 나서, 제가 진상 규명과 관련된 활동을 할 때 와이프하고 얘기를 했던 게… 와이프는 대외적인 활동, 그러니까 가족협의회에서 그 당시에 많이 했던 게 초창기에 서명운동, 간담회라든가, 집회라든가, 아니면 국회, 광화문 이런 데서 투쟁운동… 그런 부분은 수현이 엄마가 담당하기로 역할 분담을 했었고, 저는 실체적 진실을 푸는 부분에 대해서 서류 정리라든가, 상황 정리라든가 그런 부분을 하[기로] 역할 분담을 했었습니다. 그 분담은 지금도 유효하게 돼가지고, 어제처럼 기자 간 담회를 한다든가… (한숨) 그런 부분이 있으면 사실은… 와이프한 테 좀 미안하게도 저는 집에서 편하게 지냈던 [거나 다름없죠]…. 나 머지는 제가 서류를 읽는다든가 정리를 하고, 그런 분들 만나 뵌다 든가 그런 활동들… 제가 직접 찾아다니면서 만나 봬야 된다든가, 이런 거는 제가 직접 찾아다니면서 만나 뵙고 정리하면서 노력했 었습니다.

면담자   서류에 대한 부분이 접근이 쉽지 않으셨을 텐데요.

수현 아빠   실제로 우리가 가지고 있는 거는 재판기록 더하기 수사기록…이 피해자로서 받은 건데, 아직까지도 턱없이 모자라게 있고. 우리가 피해자로 되어 있는 거는 청해진 사건, 이준석 선장 등 사건, 김경일 사건 이 정도 되다 보니까… 진도 브이티에스 (VTS)[해상교통관제센터]라든가, 최상환[해경차장], 해운조합이나 이 런 사람들 부분은 서류 조건이 안 되어 있어 가지고… 좀 그렇습니 다. 실제로 앞에서 말씀드린 세 건만 하더라도, 그 양반들 표현에 따르면 "한 10만 쪽이다" 이런 이야기를 하고… 거기서 "진정서, 사 진, 이런 거를 빼더라도 2, 3만 쪽 이상은 족히 된다"고 하니까 그 거 정리하는데, 혼자서 하다 보니 벅차고 머릿속에 넣어놓고 글로 정리도 해야 하다 보니까… 아직까지도 미완으로 남겨놓고 있는 거죠.

3
진도 주민, 잠수사들과의 면담

면담자　　언제부터 진도 인근 지역 주민들 만나러 다니셨나요?

수현 아빠　많이는 못 갔어요. 많이는 못 갔고, 몇 번 갔었는데, 작년 6월부터 진상규명분과장 올라가기 전에 몇 번 돌아다니고 그랬습니다. 자랑스럽게 내놓고 얘기하고 다닐 수준은 아니라고 말씀을 드려야 할 것 같고…. 그 당시에 6월 말까지는 회사를 다녔고, 7월 달부터 회사를 안 다녔으니까 그렇게 많이 돌아다니지는 못했습니다. 8월 달 혹은 9월 달부터는 진상규명분과에 들어가서 일을 하고 그러다 보니까.

면담자　　가서 어떤 것들을 주로 하셨는지요?

수현 아빠　주민들하고 얘기를 해서, 사고 당일에 어떤 [일이 있었는지]. 지금은 의혹이 제 나름대로, 개인적으로는 많이 해소가 되었는데… 당시에는 언론에서 나오는 것들을 믿을 수가 없었고, 믿지도 않았고, 그러다 보니까 언론에 나와 있는 부분이 진실인지 아닌지, 행정선이 왔다 갔다 했다는데 정말 왔다 갔다 한 건지, 어선이나 이런 애들이 출동했다는데 와서 실제로 어떤 행동을 했는지… 심지어는 언론에서 그렇게 되었지만, 아침에 몇 시에서부터 바다에 배가 둥둥 떠 있었다든가 이런 부분들. 사람들 얼굴을 보지 않으면 같은 주민이라 하더라도 전화로는 안 알려주는 거니까. 어떤 날은 그 동네 식당에 가서 동네 어르신들하고 밤새도록 소주 푸면서 그런 얘기 듣고 나름대로 녹취해서 가져오고 그랬던 걸로 기억납니다.

면담자   처음에 진도 주민들이 경계하거나 그러지는 않았나요?

수현 아빠   경계는 하더라고요. 중요한 장면이 있으면 녹화까지 해서 오려고, 제가 가지고 있는 카메라가 오두막 투[캐논 EOS 5D Mark 2]인데, 그게 녹화도 가능하거든요. 그래서 삼각대하고 카메라하고 [가지고] 가니까 이분들이 기자로 오인을 해서, 배에서 내리는데 "왜 왔냐?"부터 묻더라고요. 나중에 가서는 "내가 수현이 아빠다" 그러니까, 그 당시에는 "수현이 아빠다" 이러면 동영상이 워낙 많이 알려져 있어서 이해를 하시는 분들이 있더라고요(한숨). 유가족이라고 얘기를 하니까, 본인들이 바로 경계를 풀고 많이 얘기를 해주시더라고요. 결론적으로 말하면 그 사람들도 자기네들 상식선 외에는 아는 것이 없더라[에요]. 왜냐하면 그 사람이 구조에 참여했다고 하더라도, 배에 탔으면 그 배의 한 부분에서 참여를 하다 보니까 그렇게 영양가 있는 거[구조는 하지를 못했던 걸로……. 어쨌건 지금이라도 그런… 그 동네 사람들한테 정보를 얻고 싶거나 그러면 전화 정도 해서 "아우, 형님!" 이 정도 할 수 있는 인맥을 갖춰 놨다고, 그걸 자위하면 될 겁니다.

면담자   몇 분 안 되지만 잠수사분들도 만나셨다고 하셨는데, 그분들은 접근하기가 주민들하고는 달랐을 것 같은데요.

수현 아빠　　　　이래저래 할[이야기해 줄] 사람들은, 제가 진상규명분과에 있을 때 한 분들이 몇 분 되는데, 의식이 있는 분들은 해주시더라고요. 다 그렇지는 않으니까…. [민간 잠수사] 홍가혜 씨라든가 이런 사람들 같은 경우에는, 그 양반이 불합리하게 103일 구치소 생활을 하지 않았습니까? 불합리하다고 느꼈기 때문에, 거꾸로 제가 내려가서 그분의 재판에서 증언까지 해주고, 서로 품앗이하는 걸로 생각을 했죠.

4
진상규명분과 활동

면담자　　　　8, 9월쯤부터 진상규명분과 분과장을 하셨는데요.

수현 아빠　　　　예. 9월 20일경에.

면담자　　　　그때부터 활동을 생각나시는 순서대로 얘기를 해주시면 좋겠습니다.

수현 아빠　　　　글쎄요. 아까도 말씀을 드렸는데, 9월 당시에는 진상규명분과라고 이야기하지만 사실상 진상 규명을 위한 활동 자체는 할 수가 없는 상황이었어요. 왜냐하면 모든 사람들이 특별법 제정과 관련해서 올인하고 있었다 보니까…. 저도 집행부에 있었지만 전날 돌아가는 상황이라든가 국회의원, 새누리가 됐든 아니면 새정연[새정치민주연합]이 됐든 그쪽 팀하고 면담하고 오면, 그 면담결과를 평가하고 앞으로 전략 짜고, 또 국회 들어가고 이런 상황이어서… 9월에서 10월, 두어 달 동안은 거의 그것만 했었습니다.

우리 요구 사항이라든가… 사실 요구 사항이 아니고, [가협] 요구 사항에서 저쪽[정부]에서 [원]하는 부분을 빼내가는 작업이었다고 보는 게 더 맞을 것 같애. 우리가 생각하고 있었던 것은 수사권, 기소권, 독립성 보장 이런 부분이었는데, 그 부분은 도저히 안 되다 보니까, 협상 과정에서 하나하나 빼줬었으니까. 엄밀히 얘기하면 협상이라고 얘기할 수도 없는 건데, 하여튼 그렇게 했었고. 작년 12월 7일 날, 국회 본회의에서 통과가 되고 난 다음에는 아까도 말씀드렸다시피, 하나는 특별법에서 소기의 목적을 달성하지 못했었기 때문에 "시행령에서 우위를 점해보자" 해서 시민공동단체들하고 "시행령을 어떻게 하면 잘할까" 하는 부분에 대해서 대단히… 어떻게 분위기를 바꿀 수 있는지 연구를 많이 했었고.

두 번째는 특별조사위원회 구성과 관련된 부분인데, 특별법에 의해서 17명의 위원을 선임하게 되어 있었고, 새누리당 몫으로 5명을 제외하고 나면 우리가 3명, 야당 몫으로 5명, 대한변협, 토탈[총] 17명을 하게 되어 있거든요. 우리 입장에서는 보면, 어차피 전원위원회에서 회의해서 표결로 처리하는 부분이 많았기 때문에, 최소 10 대 7을 유지해야 된다는 것이 목표였었고 그것을 잘하려고 열심히 노력을 했죠. 그래서 대법원 포함해서… 현재도 그 분위기는 거의 유지된다고 보는데, 표결로 간다면, 정상적인 절차를 따라서 간다면 우리 목표는 10 대 7이었는데 사실은 12 대 5 정도가

수현 아빠 박종대

됐었다고 저는 자평을 하고 있습니다. 대법원에서는, 우리의 노력으로 한 것이 아니라 대법원에서 추천을 한 거니까 비교적 중립과 원칙을 지키는 사람을 추천해 줬다고 저희는 생각하고 있었었고… 그래서 그 부분에 대해서는 사실상 잘됐다고 판단을 했었고.

나머지 하나의 부분은 특별법에 의하면 120명 조사위원을 구성해야 하는데 그 부분에 대해서, '실제로 발로 뛰는 사람들이, 능동적으로 적극적으로 일할 사람이 아니면 조사위원회가 잘 가지 못하겠다' 판단을 했었고, 그래서 "인재풀을 만들어보자" 해서 저희가 대한민국에 있는 시민단체를 총망라해서, 공모를 해서 일일이 찾아다녔어요. "당신들이 가지고 있는 인재풀을 우리한테다 좀 [제공해라]" 하고, "600만 이상이 서명한 그 힘을 한번 보여달라" 했어요. 600만의 서명으로 보답을 해줬으면… 이번엔 사람을, 핵심 인재를 내줘서 조사위원회가 잘 갈 수 있도록, 물론 공무원임명규정에 의해서 시험은 봐야겠지만. "1년 6개월이라는 짧은 기간 동안 월급쟁이로서 오는 것이 아니라, 실제로 목표 의식을 가진 사람이 있으면 지원을 해줘서 조사위원회가 잘 가게 해달라" 그랬죠. 당시에 꽤 많은 사람들이 지원해서 확보를 하긴 했었던 걸로 [기억합니다]. 그것까지 끝나고 나서 그 자리를 그만두고 나왔었으니까… 활동 자체는 그랬던 것 같습니다.

그다음에 제 개인적으로 재판 진행되는 데서, 진행 과정 모니터링을 하면서, 재판 진행 과정에 문제점이 있다고 하면 제가 들어갔던 게 있죠. 피해자 진술이라든가 아니면 말미에 유가족이 재판부에 드리는 글이라든가 그런 의견서를 제출해 가지고 그 부분을 바로잡으려고 나름대로 노력을 했습니다. 청해진 사건이나 이준석 사건에서는 별로… 그렇긴 한데, 얼마 전에, 지난주에 있었던 김경일 사건에서는 제가 요구했던 게, 판사님하고 재판부하고 의견은 똑같았겠지만, 1심 재판부에서 내렸던 결론을 상당히 많이 바꾸었다는 것. 저하고 그렇게 견해를 같이하는 부분이 몇 가지 있었던 걸로 [기억이 납니다]. 노력은 그런 쪽으로 많이 했습니다.

5
재판 진행 과정

면담자　　　김경일 사건 재판에 가시게 된 배경과 진행 과정을 말씀해 주시면 좋을 것 같습니다.

수현 아빠　　　[해경 123정은] 사고 당일 8시 57분에, 목포서 상황실로부터 사고 상황 접수를 하고 현장에 가서 구조하라는 구조 지시를 받고 나서 현장에 출동하게 되는 유일한 함정이거든요. 배가 쓰러져 가는 순간까지 있었던 유일한 함정이었고 그랬는데요. 다른 사람들은 어떻게 판단하는지 모르겠지만, 저는 그렇게 생각합니다. 구조를 지시받은 사람으로서 그 사람이 해야 될 일이 있었고, 그리고 그 당시 여러 가지 정황들을 놓고 봤을 때 할 수 있는 일이 있었고, 그걸 가지고 김경일이의 죄를 논의를 해야 되는데….

사실상 김경일이는 제가 판단할 때는, '못한 게 아니고 안 한 거다'. 사고 상황을 접수하고 나면 세월호와 선장과 교신을 해서… 세월호의 상황이 어떤지, 승객들이 다친 사람이 있는지 없는지, 선내에 있는지 갑판에 나와 있는지 이런 거를 이동하는 30분 동안에 연락을 해서 파악해야 하고. 그다음에, 파악이 된 상태에서 실제로 벌어진 상황처럼 "선내에서 기다리고 있었다" 그러면, "밖으로 다 나와라" 이런 액션이 있었어야 했고. 도착을 하고 나서도 사람들이 안 나와 있었다고 하면, 자기네들 방송 시설을 이용하든지, 아니면 사고 초기에 그 사람들이 도착했을 때는 얼마든지 배 안에 들어갈 수 있었던 상황이 있거든요. 그러면 들어가든지, 퇴선 유도를 하든지, 아니면 헬기를 이용해서 그 위에 들어가서 할 수 있는 일을 하든지… 실제로 할 수 있는 방법은 수도 없이 많은 경우가 있었는데, 중요한 건 한 가지도 하지 않았다는 것, 그 부분이 문제였는데, 왜인지는 모르겠지만, 1심 재판부는 그 부분을 대개 김경일 입장에서 많이 들어줬던 걸로 저는 판단했거든요. 왜냐면… 김경일이가 9시 20 몇 분 그때, "세월호 몇 마일 앞이다" 얘기하고, 9시 30분경에 도착해서 도착 보고를 하고 나서, 9시 37분이 되면 본청 경비과장하고 전화를 하는 거예요. 휴대전화를 해서 "선원들이 밖으로 하나도 안 나왔다. 다 배 안에 있는 것 같다" 이렇게 판단을 하는데, 1심 재판부에서 판단할 때는 9시 37분을 [기준으로] 한 게 아니고, 9시 45분경으로 한 거예요. 그때서부터 '얘가 들어갔더라면 사람을 구할 수 있었느냐, 못 구하느냐? 이때 방송을 했었으면 몇 명이나 나오냐?' 이런 식의 판단을 했던 거예요.

하지만 제가 말씀드렸다시피 9시 37분부터 하면, 구조를 할 수 있는 범위가 어마어마하게 늘어나는데, 그 범위 자체를 1심 재판부가 애써가지고, 왜 그랬는지 모르지만 애써 그거를 축소시켜 줍니다. 7분 차이라고 하면 어느 정도냐면, 가천대학교… 갑작스럽게 교수 이름은 생각이 안 나는데, 그 양반[가천대 박형주 교수]이 시뮬레이션을 돌렸을 때 누군가가 들어가서 "빨리 나와라"라고 소리만 치면 6분 17초 안이면 나올 수 있었다는 얘기예요. 그 앞에 7분이 더 있었다면, 김경일이는 의도적으로 두 번을 까먹은 거거든요. 사람을 한 번 죽인 게 아니고 두 번 죽인 거예요. 어떤 식으로든지 그 사람의 행위 자체는, 물론 당황이야 했겠지만, 용서 자체가 안 되고, 그 부분은. 상황실도 똑같은 행태를 했던 것이고, 해경 수뇌부는 더 그랬었고……. 그래서 김경일한테는 불쌍한 감은 느껴요. 3년 받아서 그렇게 되었지만, 제 개인적으로는 이 사건의 진상이라 하면 상황실과 해경 수뇌부 또는 서해[해경]청장, 목포서장을 비롯한 몇몇 사람들이 책임을 질 사안이지, 김경일이 혼자 책임을 질 사안은 아니라고 생각합니다.

면담자　　　　재판에 가서 보시면 어떤 생각이 드시는지요?

수현 아빠　　　글쎄요. 재판에 참여하시는 분들 같은 경우에는, 분노를 가지고 가시는 분들이 되게 많습니다. 저 같은 경우에는 적어도 재판장에 갈 때에는, 매정하리만큼 객관적인 생각을 가지고 가려고 노력해요. 재판이 진행되는 부분에서 문제가 뭔지, 검찰이 주장을 해야 되는데 주장을 안 하는 부분이 뭔지, 저쪽에서도 거짓 진술 같은 걸 하는 건 아닌지…. 제삼열 씨라고, 8반에 제세호 아빠라고 있는데, 그 아빠하고 제가 그 역할을 하려고 많이 노력했죠. 가서 그 부분을 캐치해서 이의 제기를 하든지, 다음에 피해자 진술을 할 때 바로잡으려고 많이 노력했습니다.

그런데 저 앞에 와서 앉아 있는 사람이 살인자고, 내 아들을 죽인 사람이라고 생각하면, 분노 때문에 보이지가 않으니까… 우리 부모님들이 거기 가서 소란 피우시고 이러면 오히려 제가 말린 적이 많습니다. "그렇게 하면 안 된다", "여기서 소란을 피우는 거는 저 사람을 강하게 처벌하는 것이 아니라 약하게 처벌하는 기회를 만들어주는 거다", "검찰이 주장을 하지 않으면, 당신도 그렇고 나도 그렇고 그 주장을 하게끔 만들게 하고, 거짓 진술을 하면 그걸 다시 [올바로 진술]하게끔 해야 되는 거지, 여기서 분노감 때문에 이러면 재판을 방해하고, 오히려 저 사람들이 더 빠져나가게 되는 기회가 될 거다"라고… 저는 그렇게 충고를 많이 해드렸습니다.

면담자　　재판 모니터링팀이잖아요, 어떻게 보면.

수현 아빠　　그렇죠. 자칭 그렇죠.

면담자　　언제부터 가게 되신 건가요?

수현 아빠　　저는 6월… 한 7월 초순부터 다녔던 것 같아요. 6월 달에는 와이프가 갔는데, 6월 10일에 첫 재판이 시작이 됐었고, 그러고 나서는 '이 재판을 어떻게 할 거냐', '증인신청을 어떻게 할 거냐', '기일은 어떻게 잡을 거냐' 이런 부분들에 대해서 몇 번 했었으니까. 증거 조사할 때는 제가 회사를 다녀서 못 갔고… 완전히 [재판에] 다니게 된 것은 7월 초였던 것 같습니다.

면담자   아내분이 처음 갔다 와서 얘기해 주셨을 것 같은데, 어떤 얘기를 하셨나요?

수현 아빠   불행하게도, 우리 와이프는 [그전까지] 재판장에 한 번도 가본 사실이 없어요. 처음 가봤으니까. 다른 부모들처럼 역시 분노를 많이 가지고 있었고. 사건 초기에는 우리 수현이 동영상이 증거로 되어 있었기 때문에 증거 조사할 때는 동영상을 다 상영해야 되거든요. 그게 한 15분 되고, 사진이 3, 40매 정도 되다 보니까, 본인이 그걸 되게 어려워했던 것 같아요. 지금도 와이프는 동영상을 잘 못 보는데, 그걸 법정에서 봐야 되니까 "차마 다 못 보고 나왔다"고 그러더라고요.

면담자   아버님은 7월부터 가셨다고 했는데, 그때는 이준석 선장 재판이었나요?

수현 아빠   처음에는 이준석 선장만 갔고, 그다음에 청해진 사건, 그다음에 김경일 사건 이런 식으로 갔는데, 나중에는 한꺼번에 세 건이 같이 진행됐으니까 거의 매일 가야 [했어요].

면담자   계속 내려가 계셔야 했겠네요.

수현 아빠　　네. 여관에서 자고, 이튿날 또 갈 때도 있었고. 화, 수, 목 이렇게 했었거든요, 재판을. 화, 수, 목 할 때는, 처음에는 올라갔다, 내려갔다 했는데 도저히 안 되겠더라고요. 그래서 아예 여관에서 좀 자면서, 이튿날 가서 또 하고, 여기서 가려고 하면 집에서 무조건 4시에 일어나야 해요, 광주 재판에 가려면. 아침 10시부터 시작하다 보니까 도저히 체력적으로 안 되어서….

면담자　　가서서 재판에 집중하기도 힘드셨겠네요.

수현 아빠　　그렇죠.

면담자　　새벽에 운전해서 가셨으면 더 피곤하셨을 텐데요.

수현 아빠　　차는 가협에서 [준비를] 해서 내려갔긴 했는데, 4, 5시간 차 타고 내려가서 보고 또 올라오면 12시쯤 되고…. 언젠가는 항소심에서 재판이 11시 50분에 끝난 적이 있어요. 여기 도착하니까 3시쯤 되더라고.

면담자　　재판 보시면서 기억에 남는 것들을 더 이야기해 주신다면요.

수현 아빠　　글쎄요. 너무 막연한 것 같네요.

면담자　　최근에 인터넷 보니까, 광주고법에서 마지막에 피해자 증언하신 것이 있던데, 저는 전문 용어들이 많이 나와서 읽다가 이해를 잘 못했는데, 그런 문제 제기를 하게 된 과정이 어떠셨는지요?

수현 아빠　　저는 그렇게 생각했어요. 어차피 법적인 전문 영역

이야 피해자 변호사님들이 하셔야 되는 거라고 생각하고 있고, 제가 지금서부터 열심히 공부한다고 변호사만큼 할 수 있는 것도 아니겠고…. 그렇다고 하더라도 재판 진행 과정에서 분명히 드러나는 문제라고 생각하는 부분들, 물론 저희들 같은 경우에는 대단히 주관적이겠죠, 피해자라는 신분이 있으니까. 그렇다고 하더라도 여러 가지 정황을 놓고 볼 때, 말도 안 되는 것 가지고 검사나 피고 변호인 측에서 얘기를 했던 부분들이 있고, 그거를 계속 그대로 방치한다면 재판 결과가 대단히 잘못 갈 수 있다고 생각했고, 그래서 어쩔 수 없이 그렇게 한 거죠. 아울러서 그것만 한 게 아니고 의견서를 제가 써서 제출했습니다.

이준석 선장 사건 때도 40페이지 되는 의견서를 따로 접수했었습니다. 가장 핵심이 살인죄 적용 여부였는데, 1심 재판부에서는 그 부분이 받아들이지 않았었고…. 제가 심지어 미필적고의에 관한 연구, 석사, 박사학위 논문들까지 들춰가지고 의견서를 제출했던 걸로 [기억을 합니다]. 그리고 선고하러 가기 바로 전날 내가 하늘공원 가서 우리 아들한테 기도를 했어요. 다른 건 다 괜찮으니까 이 새끼들 살인죄만 적용하게 해달라 그랬더니, 하늘하고 통했는지 모르겠는데, 이준석이 한 사람만 달랑 [살인죄를 적용]하고 나머지는 왕창 깎아가지고(웃음) 속이 무척 상했어요. 그게 기억이 많이 납니다…….

모르겠어요. 제가 장문의 피해자 진술을 한 것이 몇 번이 되기는 한데, 그 당시에는 그게 옳다고 믿고 나서 '판사야 듣든 말든, 나는 얘기해야겠다'고 생각하고, 악으로 깡으로 얘기했던 걸로 기억이 납니다.

면담자   법정 모니터링을 하면서 '이렇게 얘기돼서는 안 되는데' 이런 생각이 강하게 들어서 피해자 진술을 하셨던 거네요?

수현 아빠   그렇죠. 형사소송법상으로도 잘은 모르겠지만, 피해자 진술은 보장이 되어 있는 부분이고…. 그런데 실제로 이 재판에 다녀보신 분들은 많이 알아요, 정말 이 재판이 잘못 가고 있다는 걸. 왜 그러냐면 성격상으로 보면 이준석이나 김경일이나 똑같아요, 사고의 성격은. 바다 한가운데서 벌어졌고, 목격자라는 건 하나도 없는 거예요. 증거는 바닷속에 빠져 있고, 그리고 지네들끼리 가서 따로 말을 맞춘 거예요.

선장, 선원들 같은 경우에도, 사고 당시 배 안에 있을 때도 기관실에 있던 애들은 3층 갑판 이쪽에 모여서 자기들끼리 얘기를 하고 있었고, 심지어는 담배를 피우면서, 캔맥주를 마시면서……. 그건 본인들 진술로 얘기한 거니까, 그렇게 얘기했었고. 조타실에서는 선장과 선원이 8명인가 모여서 있다가, 아…무것도 하지 않고, 자기들 표현에 의하면 승객의 안전을 위해서는 아무것도 하지 않고 있다가 나온 거예요. 나오고 나서도 자기들끼리 여관에 모여서 말을 맞추고 했던 것이고.

김경일 같은 경우에도, 사건기록을 읽다 보면 그 친구들이 자기네 사건을 은폐하기 위해서 엄청난 일을 해대는 거예요. 식당에

83

모여서 "우리 이것에 대해서는 이렇게 얘기하자", 비디오를 갖다 놓고 비디오 분석을 해가면서 "몇 시에는 뭘 하고, 몇 시에는 뭘 하고" 이거를 시나리오를 적는 거예요. "여기서는 우리가 퇴선 명령을 했다고 그러자" 이런 식의 얘기를 하고…. 그걸 가지고 검찰에 가서 조사를 받고, 감사원 감사가 나오면 감사에도 그걸 가지고 임하고, 심지어는 국회 국정조사에도 임하고, 재판에도 임하고… 이 랬던 것이거든요.

장기간 모니터링 하다 보면 그런 거짓말이 보이는데, [재판이] 흘러가는 거는… 사실 검사의 칼끝이 예리하고 강력했다면 이걸 확확 휘저어야 되는데 안 하고 그냥 넘어가는 거예요. "모르겠습니다", "기억이 없습니다" 이러면 그냥 넘어가고. 판사도 "기억이 없대잖아요. 모르겠대잖아요. 그냥 넘어가시죠" 이런 식으로 재판이 진행된 거예요. 우리가 그 부분을 가지고 파헤치지는 못해도, 명백히 보이는데도 넘어가는 건 문제가 있다고 생각하니까 그런 부분은 이의제기 절차라도 거쳐가지고 하려고 노력했던 것이죠.

면담자　이의 제기 절차부터 시작해서, 법정 싸움에 익숙해지셨을 것 같은데요.

수현 아빠　본의 아니게 공부 많이 했습니다. 아까도 말씀드렸 듯이, 미필적고의만 하더라도 학설이 열 몇 개 있다는 걸, 학설이 많다는 건 알았지만, 그렇게 많은 학설이 있다는 것도 그때 알았고. 그래서 "1심 판사가 이 설을 받아들였구나. 하지만 이거는 안 된다"라고 얘기를 했었던 거고요.

면담자　　　재판 모니터링할 때 세호 아빠 제삼열 씨와 같이하셨다고 했는데, 같이 다니셨던 분들이 또 있었나요?

수현 아빠　　　예, 있었습니다. 그냥 가서 진행되는 거를 보고 싶어하시는 분들이 있었고, 거기서 어떤 부분을 찾으려고 했던 분들도 있었고. 1심일 때는, 거기서 뭔가를 찾으려고 많이 노력했던 분은 저하고, 제삼열 씨, 그리고 5반 준영이 아빠 [오]홍진 씨인가 그 사람하고, 유정이 아빠하고 몇 사람이 있었고… 항소심 가서는 원심에서 워낙 안 좋은 결과가 나오다 보니까 1심에서 그렇게 열심히 하던 분들이 트라우마가 와가지고 몇 분이 중도하차하셨고, 저하고 제삼열 씨가 항소심 끝날 때까지 했죠. 그분들은 지금도 열심히 찾아다니고 있습니다. "다음 주에 다시 동거차도하고 [몇 군데] 돈다"고 어제 나한테 전화가 왔더라고요.

면담자　　　어디요?

수현 아빠　　　"동거차도하고 조도하고 해서 다시 한번 뭔가가 있을까 해서 돌아보겠다"고 얘기하더라고요. 저 같은 경우에는 가협과 상관없는 모임을 두어 개 하다 보니까, 그 일정 때문에 잘 다녀오라고 얘기만 하고.

면담자　　　힘드시면 대답 안 하셔도 되는데, 아버님도 힘들거나 트라우마가 되는 상황들이 오잖아요. 그럴 땐 어떻게 하시는지요?

수현 아빠　　　저는 사실은… 힘든 건… 가끔 가다 그러긴 한데, 거의 다 술로 풀었죠(웃음). 정신없이 그러면 소주 한 서너 병씩 먹고 한 잠 자고 나면 정신 돌아오고… 저 같은 경우엔 그랬어요. 정 안 그런[정 회복이 안 되는] 날은 카메라 메고 한 바퀴씩 돌고 그랬는데, 카메라 손에 잡은 지도 한 달이 넘었네요.

면담자　　　잠수사나 다른 분들도 만났다고 하셨는데, 접촉은 어떻게 하셨나요?

수현 아빠　　　저 같은 경우에는 언론에 노출이 많이 되다 보니까, 그쪽 다리[인맥]를 좀 많이 이용했습니다. 내가 그쪽[잠수사 등]의 전화번호를 알고 있는 것도 아니고. 인터뷰를 몇 번 하다 보니까 그쪽[언론계] 분들을 많이 알고 그러니까 그분들한테 "좀 알려다오" 그러면 그쪽[언론계]에서 그쪽[잠수사 등]에다가 다시 물어보더라고요. "그런 사람이 있는데 [연락처] 알려줘도 되느냐?" 그러면 그쪽[언론계]에서 연락처를 줘서, 그렇게 많이 알게 되었죠.

면담자　　　처음에는 어떤 것을 알아내고 싶으셨어요?

수현 아빠　　　작년 5월 8일인가, 제가 CBS에서 인터뷰를 했다고 말씀드렸는데, 저는 가장 궁금했던 것이 그거였죠. 서희근 씨라고, 그분이 4월 16일 날, 그날도 워낙 경황이 없다 보니 정확히 몇 시인지는 모르겠는데, 진도체육관에 올라와서 마이크를 잡고 말씀을 하시는 거예요. "나는 살아서 나온 사람이다. 그리고 나는 해병대였고, 배를 좀 타본 사람이다" 그러면서 사고 경황을 이야기를 했는데, "변산반도하고 군산 지날 때 그렇게 됐다. 인천대교를 나갈 때 그때 됐다" 등 그런 이야기들을 얘기하고 올라간 거예요, 그 기억이 나고.

　아이 장례식을 4월 26일 날 치르고 난 다음에, 5월 8일인가 제가 '김현정 뉴스쇼'에서 인터뷰하면서 그 얘기를 하고, 바로 그 사람을 찾아가지고 5월 9일 날 다시 인터뷰를 했죠, 그쪽에서. 그분이 진도체육관에서 했던 이야기를 토씨 하나 안 틀리고 그날 인터뷰를 하신 거더라고. 그래서 제가 CBS에 얘기를 해서 좀 만나게 해달라고 했죠. 그분이 □□병원에 입원해 있었는데, 그때 상황에 대해서 듣게 됐죠. 저는 지금도 그렇게 생각하고 있는데, 사고 원인으로 검찰이 한 거는 그거 아닙니까? "고박 불량, 과적에 평형수 부족, 조타 미숙". 조타 미숙은 항소심에서 빠진 겁니다. 사고 원인에는 '조타 미숙'이라는 단어는 빠지는 것이 맞습니다, 현재로서는. 항소심에서 아니라고 얘기했기 때문에 그것은 아니라고 생각을 했었고. 그렇게 되려면 사전에 여러 가지가 있었을 것이라고 생각하고 있었는데, 그분을 찾아가서 얘기를 하다 보니까, '아, 그건 아닐 수 있겠다'고 하는 확신을 좀 더 가질 수 있게 됐고.

　특히 가협 일을 하다 보면 가협에 화물 자동차 피해자들도 있다 보니까 어쩔 수 없이 만나게 된 경우도 있고, 이래저래 만나게 됐어요. 이 사건이 가장 큰 문제가, 요만한 공간에서 이루어졌으면 해결되기가 되게 쉬운 사건일 수 있는데, 세월호 같은 경우에는 폭 24미터에 길이 146미터, 그것도 3, 4, 5층, 사람들이 경험한 범위가 너무 넓으니까, 사람들이 자꾸 한 사람 말만 듣고 나서 그것을 참, 거짓으로 논의를 하려고 하는데, 그 자체가 되게 위험한 발상이고… 그래서 저는 '다양한 사람들을 만나서 다양한 경험들을 모아봐야겠다'는 생각을 가지고 있다 보니까, 가감 없이 사람들을 만나면[서]… '그 사람이 배가 넘어가던 순간에 어디 있었는지', '뭘 경험했는지', '어떤 걸 감지했는지' 그런 쪽으로 생각을 많이 했죠. 외부 사람들은 또, 외부에서 봤던 부분이 어떤 것인지… 혹시 큰 거 하나 있을까 봐, 제발 그런 게 하나 나오기를 바라고……

면담자   그 사람들이 있던 공간에서의 조각조각 된 경험을 모아봐야겠다는 생각을 하시게 된 건 언제쯤이셨는지요?

수현 아빠   정확히는 모르겠어요. 제가 '뉴스타파'에서 그런 얘기를 했거든요, 인터뷰를 하면서. "우리 아이가 언제 어떻게 왜 죽었는지를 알아야겠다"라는 얘기를 한 적이 있는데, 아마 그때서부터겠죠. 정확히 그걸 언제라고 얘기하는 건 그런 것 같고, 여전히 그때부터 지금까지 [참사 원인을] 맞춰가고 있는데… 말씀드릴 수 있는 단계는 아니지만 많이 맞췄습니다. 조만간에 많이들 나올 겁니다.

6
오하마나호 답사

면담자   세월호와 함께 제주도로 출항하던 오하마나호에도 직접 가보셨다고 들었어요.

수현 아빠   아, 그 배 가봤죠.

면담자   언제였죠?

수현 아빠   올해 5월 22일 날. 그 업체 이름이 뭐더라? 요즘 기억력이 안 좋아져서…. 거기[청해진해운]에 전화를 하니까 하게 해주더라고요. 그래서 인천항에 정박되어 있는 걸 돌아보고 왔죠. 거기 갔던 건, 구조적인 부분에서 잘 모르는 것도 있었고, 재판 진행 과정에서 보면 그 친구들 하는 얘기가 "배가 너무 기울어져서 도저히 들어갈 수 없었다", "배 안에 진입을 할 수 없었다"라고 얘기를 하는 부분이 있고.

또 하나는… 세월호가 넘어지는 과정에서 항공 구조사들은 유리창 위를 밟고 걸어 다니는 거야. 그런데 그 친구들이 하는 얘기가 "유리창 안으로 아이들이 있는 걸 몰랐다", "유리창 밑이 선실인 걸 전혀 몰랐다"라고 얘기를 하거든, 그 친구들은. 그래서 '그게 정말 그런 것인가'에 대해서 '내가 가서 유리창의 상태를 봐야겠다, 정말 보이는지 안 보이는지. 햇빛이 반사되는 상황에서 가서 보이는지 안 보이는지 봐야겠다'고 생각해서 일부러 한번 가봤죠. 아주 꼭대기에서부터, 바닷물 소리가 톡톡 나는, 귀신 소리처럼 나는 조타… 타기실까지 들어가서 다 뒤져는 봤습니다. 그때 내린 결론은 '대한민국 해경이라면 장애인 특채로 들어가지 않는 한 들어갈 수 있었다', 그리고 '눈감고 다니지 않고 선글라스 끼고 다니지 않는 한 그

[유리창] 밑에 거[아이들]는 분명히 볼 수 있었다', '그 사람들 전부 다 위증이다' 조사특위가 마무리되는 과정에서 어느 정도 더 되고 나면, 조사특위에서 입증 못 하면 제가 입증할 겁니다, 그 부분은.

솔직히 말해서 저는 해경 수뇌부와 상황실에 대한 책임을 묻는 고소, 고발을 하고 싶은데 조사특위에서 "잘못 건드리면 그 사람들이 오히려 경한 벌을 받고 나서 면죄부를 받을 수도 있으니까 기다려달라"고 얘기를 하고 있기 때문에 그렇게 되고 있는데… 그 부분은 내가 반드시 짚고 넘어갈 겁니다.

면담자 처음에 배를 보겠다고 청해진해운에 연락을 했을 때 잘해주던가요?

수현 아빠 〈비공개〉 그 회사의 상무이사를 잘 아는 사람…을 어떻게 하다 보니까 알게 됐어요. 그 사람이 재판에서도 피고인 측, 박한결 측 증인으로 재판정에 잠깐 나왔었는데, 기관사 출신이고 그런 분인데, 어쨌건 피고인 측을 위해서 재판 증언대에 서긴 했지만 기관 전문가였고… 이 사고에 대한 부분에 관심이 많은 분이었고… 그래서 그분을 통해서 들어갔어요. 〈비공개〉

면담자 혼자 가셨나요?

수현 아빠 제삼열 씨하고 같이 갔습니다. 세 명이 같이 갔어요. 배에 대한 부분은 우리가 가서 본다고 해도, 우리는 배에 대한 상식이 없으니까, 가서 구경한다고 하더라도 상세한 걸 모르면 안 되니까 그 양반을 가이드로 삼아서 들어가서 봤죠.

면담자　　　시설에 관한 부분을……?

수현 아빠　　　네. 특히 조타실 같은 데 가면 우리가 아는 게 없으니까, 기능이라든가, 제원[기계의 특성과 성능을 수로 표시한 지표]이라든가 하는 부분을 우리가 모르니까, 그분을 데리고 가서 그분이 "얘는 이런 역할을 한다", "이 부분의 한계는 어디다" 이런 식으로 설명을 다 해주시고 했죠. 우리가 "조타실 안에서 움직일 수 없었느냐?" 해서 자를 가지고 가서, 우리 블로그에다가 제가 올려놨는데, 설계도를 그려가지고 가져왔던 거고.

　　　나머지… 고박이라든가 이런 부분이 많이 문제가 됐었기 때문에, 실제로 세월호보다 이 오하마나 호가 고박 설비 상태가 더 좋다고 되어 있거든요. 그리고 사고 뒤에 각종 감사라든가 수사 같은 것이 와서 자기들 책임을 회피하기 위해서 단기적으로 많이 보완을 한 걸로 알고 있거든요. 그런데 그 상태라고 봐도, 사고는 나겠더라고요. 아주 허술한 배임에는 틀림없더라고요.

면담자　　　어떤 부분이 특히 허술하던가요?

수현 아빠　　　기본적으로… 화물 하적하는 부분에, 어떤 것을 매려면 D링 고리라든가, 이런 컨테이너를 고정시킬 수 있는 기본 설비가 되어 있어야 하는데, 그게 누락되어 있는 부분이 되게 많더라[고요]. 그리고 [고리가] 빠져가지고 하나는 저쪽에서 돌아다니고, 그 상태로…(한숨) 한심하다는 생각이 들죠. 이걸 모르고 애를 배에 태웠으니.

면담자   이제껏 많이 타고 다녔으니까 몰랐을 것 같아요.

수현 아빠   이게 사실, 요즘 얘기하잖아요. 강호동이가 없으면 아마… 〈비공개〉 강호동이가 1박2일 나와가지고, 사실은 1박2일이 아니라 회사 선전해 준 거죠. 보셨는지 모르지만, 밤에 불꽃놀이 하고, 게임하고 하니까, 사람들이 괜찮다고 생각했겠죠. 그게 TV 에 나오니까.

7
국가의 '진상 규명'에 대한 불신 및 의혹

면담자   그렇죠. 여담인데, 친한 언니가 □□교통방송 다니는데, 청해진에서 계속 협찬 받았다더라고요. 거기 배로 여행 가는 거를요.

수현 아빠   그렇다고 하더라고요.

면담자   그래서 자기네 회사 사람들 엄청 많이 타고 다녔다고 그러더라고요.

수현 아빠   재판하다 보면 피고인들이 그래요. "나도 그 배 타고 다녔다"는 거예요. "우리 가족도 태우고 다녔다"는 거예요. "이게 그렇게 위험한 배였으면, 우리 가족들 여기다가 태우고 다녔겠느냐?" 그런 얘기까지 해요. 정말인지 아닌지는 모르겠지만.

면담자　그런 이야기 들을 때 어떠신지요?

수현 아빠　솔직히 인간적으로야 때려잡고 싶죠. 뭔 말이 필요하겠습니까? 심지어는 나중에 가서는, 이준석이가 말을 바꿔서 그렇지, 1심 때 판사가 물었어요. "당신 자식이 그 안에 들어갔으면 그때도 구조하러 안 들어갈 거냐?" 그러니까 이준석이가 뭐라고 그러냐면 "그래도 못 갈 것 같다"고 얘기해요. 근데 항소심 때 판사가 또 물으니까, 그때는 들어갈 거라고 그러더라고……. 조사를 해봐야 되겠지만은, 이거 자체가… 언젠가 제가 피해자 진술에서도 이야기한 적이 있었는데, 구조에 책임이 있는 사람들이 한 행위는… 제가 어제도 그렇고 그저께도 그렇고, 그 부분만 가지고 계속 고민을 하고 있는데, 특히 해경의 부분, 빵점, 빵점 주는 것도 아까울 정도로 그랬다, 사람들 상태가 조직적으로 안 좋았다는 거죠. 그게 어떻게 한 사람도 아니고, 열 사람도 아니고, 모든 조직이 그럴 수 있었겠느냐? 저는 그것에 문제를 제기합니다.

　국가적 차원에서 진상 규명을 위해서 뭘 했었더라면… 먼저 나서서 그 부분을 도려내고 새로 쌓고, 책임자 처벌하고 규명하면 될 것인데……. 당시 총괄책임을 져야 하는 해수부 장관도 여전히 잘 살아 있고, 해경 본청장도 잘 살아 있고, 서해청장은 정년퇴직을 했고, 목포서장은 좌천이 되긴 했지만 여전히… 어디 가서 교수 생활 잘하고 있고, 책임진 사람이 사실상 김경일이 하나밖에 없거든. 대통령은 특별법 제정 반대하고, 시행령 못 만들게 하고, 특별조사위원회는 대놓고 못 하게 하고 있는 거 아니에요. '왜 이렇게 됐을까?' 거기에 대해서 고민을 많이 해봐요. 결국에는 거기서 그랬던 사람들은 조연이고, 주연은 대통령이었다고 생각하고 있습니다. 최근 와서 그렇게 결론 내렸어요. 주연이 그 양반이 아니면, 그렇게 행동할 수 없는 거죠, 기본적으로.

면담자   그렇게 행동할 수 없다는 건, 예를 들어서 어떤 걸 의미하는지요?

수현 아빠   반대로 얘기하면, 우리 박근혜 대통령은 인기를 되게 좋아하시는 분인데, 시작서부터 깔끔하게 처리만… 구조가 잘못된 건 [그렇다] 치자 이거야, 304명 죽었다고 치자고. 그럼 적어도 5월 16일 날 유가족 면담을 하고, 5월 19일 날 본인이 "앞으로 어떻게 하겠다"라는 플랜을 제시하잖아요. 다 때려치우고, 그 플랜대로만 했으면 인기가 쫙 올라갔을 거라고. 우리 세월호 유가족들하고도 그렇게 트러블이 없었을 것이고. 그렇지만 전혀 그렇지 않았었고, 그것 자체를 막고 있는 사람이 사실은 대통령이거든요. 나머지는 다 똘마니들이고…. '그럼 왜 그렇게 했겠냐?' 이거예요. 저는 그 얘기를 하는 거예요. 인기 올라가는 것보다도 더 지켜야 할 게 뭐가 있었다는 거예요, 그게 뭔지는 모르지만.

근데 그게 조사위원회가 발동이 되고 나서 어떻게 한다면 금방 탄로날 일이니까. 저는 요즘 와서 그런 생각을 해요. 최근에 와서 심증을 가지고 있는 게 있는데, 배만 [인양]돼서 올라와도 뭔가 하

94

수현 아빠 박종대

나 터질 수 있다는 것을 요즘 좀 확신해요. 내가 정…말 보고 싶은 부위가 있는데, 세월호는 좌측으로 넘어져서 좌측면을 한 번도 보여 준 적이 없거든. 그 누구한테도 보여 준 적이 없고, 내려가서도 좌측이 땅바닥에 닿아 있는 거예요. 이걸 끌어 올려서 화물칸하고, 선실이 연결되는 그 부분, 좌현 쪽 거기만 보면 아마 제 짐작이 맞을 거라고 봐요. 난 지금 감히 단언을 하고 있어요.

면담자   조사를 하면서 확신이 든 부분이 있으신 거죠?

수현 아빠   그렇죠. 제가 진상규명분과를 할 때는 그런 얘기를 못 해요. 왜냐면, 잘못하면 이게… 현시점에서는 어차피 제가 말씀드려 봤자 개인적인 부분이 되니까. 어쨌건 간에 '현재까지 끝난 재판에서 나온 결론은 아니다'라는 거죠, '그 결론은 아니다'는 것. 그리고 사실을 보자면… 〈비공개〉 그리고 단원고등학교에 그 친구는 살아 있는 친구인데, 탁 하는 순간에 여기서 튕겨서 날아가서 통로를 지나서 저쪽 방 벽에 가서 부딪혔다는 거예요. 그런 증언도 있고, 어떤 사람은 배가 이렇게 가다가 (손 방향을 바꾸면서) 이렇게 갔다는 거예요. 재판기록에 보면 그렇게 나와요. (손바닥을 아래로 향해서 직진하는 시늉을 하다가) 갑작스레 오른쪽으로 틀었다고. 그리고 좌현 선수에 있던 친구들은 "쿵 소리가 먼저 난 다음에 확 기울었다"고 그러거든. 그것들을 종합하면 뭔가 이렇게 스무드하게 넘어진 게 아니고, 갑작스레 확 넘어졌다는 거거든. 그리고 사람이 날아갈 정도의 힘이 있었다는 것. 그게 뭔지는 모르겠으나, 분명히 외력은 있었다는 것. 궁극적으로 가면 더 큰 걸 감춰야겠지만, '일차적으로는 그 부분을 감추기 위해서 발버둥 쳤다'[는 거예요].

심지어 세월호가 초기에 이렇게 (비스듬히 손 들며) 되어 있었습니다. 그죠? 아시잖아요. 근처에 조선소가 많았기 때문에 거기서 플로팅 도크 [선체를 물 위에 띄운 채로 수리할 수 있도록 하는 대형 바지선] 같은 걸 갖다 놓고 이렇게 놓으면, 가라앉을 때 그대로 들면 인양이 가능했을 거예요. 그런데 굳이 인양을 안 한 거예요. 굳이 인양을, 왜 안 했을까요? 인양을 하면 자기네들한테 손해가 되기 때문에 안 한 거예요. 국가적 비용으로 따지더라도 그게 확실히 싸게 먹히거든. 그런데도 불구하고 안 했다고. 사고 당일에는 예인선 두 척이 와 있었어요, 배를 끌고 가려고. 예인선 두 척이 배를 끌고 가려고 와 있었는데, 문자 대화방을 보면 뭐라고 나왔냐면, "BH[청와대]에서 전화가 와서 목포서장님을 찾으십니다" 그런 얘기가 나와요. 그리고 나서는 그다음부터는 예인선 얘기가 없어요. 어떻게 됐다는 얘기도 없고. 그 상황에서 BH가 전화가 와서 무슨 얘기를 했을까요?

면담자 얼마 전에 인양 시작한다고 했는데 가셨나요?

수현 아빠 저는 안 갔습니다.

면담자 그때 사진을 못 찍게 했다고 사람들이 속상해했었는데요.

수현 아빠 아마 지금하고 같은 그걸 거예요. 제가 얘기했던 거

하고 맥을 같이할 겁니다. 제가 진상규명분과장 할 때, 특조위 예산 세우고 조직 짜고 할 때, 몇 가지 오다[요구]를 줬던 부분 중 하나가, "반드시 시뮬레이션 다시 하고, 검찰에서도 했었는데, 그걸 다시 해야 한다. 그리고 레이더 항적에 대한 것은 국내 연구진이 아니라 해외에서 검증해야 한다, 도저히 못 믿기 때문에. 그리고 세월호 선체 스크린 해야 한다. 그걸 반드시 예산에 반영해라" 사실 241억 이 나왔을 때, 241억 안에는 그 예산이 들어가 있었던 거예요. 어차 피 비용이야 그렇지만, 인양하기 전에 조사 기간이 끝날 수도 있으 니까. 결국에는 그런 거까지 다 반영을 한 거예요, 사실은. 떳떳하 면 자기네[국가]가 [인양]하면 되는 거예요. 돈은 이래 들어가나 저 래 들어가나 들어갈 건 분명한 거고… 하루 빨리 떠 올리면 되는 거고, 하루 빨리 밝히면 되는 거고…….

사람들은 "잠수함에 충돌했다", "내부에서 폭발이 났다" 그러면 은 세월호 건져 올려서 잠수함 충돌 안 된 걸 보여주면 될 거 아니 에요. 근데 못 한 이유가 뭡니까, 왜? 홍가혜 같은 경우에는, 사고 나자마자 바로 [처벌]해서 4월 22일인가 그 친구가 구속되잖아요. 실제로 잠수함하고 충돌했다고 뭐라고 한 사람은 안 들어갔어요. 우한석 이사라고, 인터넷에서는 '다스우이사'라는 사람하고 김현승 이라는 사람이 있는데, 김현승 같은 경우에는 대선불법선거 그 부 분하고 정윤회 개입 그 부분이 해경 명예훼손하고 같이 엮였고, 우 이사 같은 경우에는 잠수함 충돌 관련돼서 주장하고 그랬는데, 그 렇게 빼놓고 나서는 구속된 사람도 없고 그런 거예요. 거꾸로 홍가혜 같은 경우에는 뭘로 구속됐는지 알아요, 혹시?

면담자   제가 알기로는 아이들이 살아 있다는 '잘못된' 정보를 퍼뜨려서 그런 거 아닌가요? 언론에는 그렇게 나와 있는 거 같던데요, 허위사실 유포.

수현 아빠   네, 허위사실 유포하고 해경 명예훼손이에요. "민간 잠수사 투입 못 하게 한다", 그리고 "아이들이 살아 있다는 답을 받았다"는 거. 제가 가서 증언을 서줬던 게 그 부분이에요. "아이들이 살아 있었다는 대답이 왔다"는 부분은 홍가혜 책임이 아니라는 걸 제가 가서 [증언]한 거예요. 4월 17일 날 새벽에, 사람들이 해경 함정을 타고 나갔다가 들어왔는데, 그때 들어와서 확인했다는 거예요, 갔다 온 사람들이. 가서 내가 물어봤지, "어떻게 확인했냐?"고. 그랬더니 "망치로 두드리니까 그 안에서도 같이 두드려주더라. 그렇게 확인했다"라고 얘기하더라고요. 근데 그게 일리가 있을까요, 없을까요?

면담자   17일 날이요?

수현 아빠   네, 17일 날 두드렸는데 안에서 신호를 해줬다고. 가능할까요, 안 가능할까요?

면담자   살아 있다면 가능한 일….

수현 아빠   나는 가능하다는 데 한 표예요. 왜 그러냐면, 우리 아들이 거기에 해당하는 놈이거든. 한번 보여드려 볼까요? 이건 그

수현 아빠 박종대

냥 심심풀이로 보여드리는 겁니다. 도면을 가져왔으면 더 그러는데[분명한데]. 우리 아들이… 거기 있었거든. (종이에 그림을 그리면서) 그림으로 따지면, 우리 아들이 원래 있던 위치가 여기에요. B-19였는데, 나온 거는 여기 F-4에서 나온 거예요, 선수. 여기[B-19]에서 10시 11분까지 사진을 찍어놨으니까. 우리 아들이 동혁이 사진을 찍은 것이 여기니까, 적어도 10시 11분까지는 여기 있었던 거예요, 누가 뭐라 그래도.

그런데 애가 그 몇 분 사이에 여기[F-4]까지 갔을까? 급박한데 여기서 이동해야 될 이유가 없잖아요. 그런데 여기까지 갔더라고. 그래서 나는 '이게 왜 그럴까?' 굉장히 의아했어요. 근데 어느 날인가 이렇게 생각해 봤어. (종이 비스듬히 세움) 배가 이렇게 떠 있잖아요. 배를 세우면 이렇게 되는 거예요. 에어포켓이 있었으면, 이렇게 물이 차올랐을 거라고. 물병에 물 넣어보면 아시잖아요. 이렇게 되어 있었던 거야. 분명히 애가 수영을 해서 여기까지 올라간 거야. 그러니까 우리 아들은 구명조끼도 안 입었어. 인증사진 찍어놓은 걸 보면 구명조끼를 입었는데, 그것도 하얀색을 이렇게 매서 입었는데, 나올 때는 그게 아니에요. 다른 애들은 그 상태로 나왔는데, 왜 우리 애만 아니냐[구명조끼가 없는 상태냐]. 수영을 해 오는 과정에 거추장스러우니까 벗어버린 거야.

실제로 에어포켓이 있나 없나 하지만, 내가 미루어 짐작해 보면 있었어요. 왜냐면 B-19에 있던 김동혁이는 여기서 한 칸인가 두 칸인가 이동이 돼 있어, 나올 때 위치가. 그런데 우리 아들은 아주 엄청나게 앞에 가 있는 거야. 그래서 내가 동혁이 아빠한테 물어봤어요. "당신 아들 수영 못하지?" 그랬더니, "아이고, 어떻게 아셨어요? 수영 하나도 못해요, 구경만 잘해요. 어떻게 아셨냐?"고 그러기에, "내가 보니까 그렇더라" 그랬지.

다시 아까 얘기로 돌아와서 4월 17일 날 새벽에 나가서 함정을 한 바퀴 돌고 들어오는데, 그때 잠수사가 와가지고 배에다 대고 그 얘기를 했다는 거예요. "살아 있으니까 걱정하지 말아라" 그래서 "어떻게 알았냐?"고 하니까, "우리가 들어가서 두드렸더니 그 안에서 응답을 해주더라" 그랬다는 거죠. 일부러 그랬는지 누가 그랬는지는 모르겠는데, 하여튼 그런 말을 했던 거야.

근데 이 말을 전해준 사람이 누구냐면, 내 동서예요. 내 동서가 이번에 서울지하철공사 정년퇴직했는데, 사고 나자마자 내려왔거든. 내려와서 같이 있는데, 그날 저녁에 배에 줄을 섰는데 나는 잘리고 그 양반은 타고 나갔던 거야. 나갔는데 가서 그 얘기를 듣고 왔다더라고. 그래서 홍가혜 씨가 목포 법원에 갔을 때 내가 [증인] 서줬던 거예요. "그런 일 있었다, 사실이다. 없었던 이야기는 아니다" 그랬던 거죠.

면담자   동서분은 수현이 때문에 내려가신 거예요, 아니면 다른 자녀 때문에 내려가신 거예요?

수현 아빠   아니요. 수현이 때문에 간 거죠. 의정부 사는데, 사고 소식 듣고 바로 처형하고 같이 내려와서……. 그러니까 언론을 이용해서 "무조건 이건 없었다"고 단정하고, "사고는 안 났다"고 단정하고, 이준석하고 그 일당한테 몰빵을 다 해준 거죠. 개인적으로는 퇴선 방송에 대해서 해경하고, 이준석이하고 약속이 되어 있었던 것 같아요. 나는 지금 결론을 그렇게 냈는데… 몇 시쯤에 우리가 퇴선 방송을 하고, 그렇게 하면 니네는 퇴선 방송을 하고 나오고 하는 식으로 되어 있었던 것이 아닌가?

개네들[선원들] 교신 내용을 보면, 9시 20분쯤 됐을 때, "바다로 뛰어내리려 할지 말아야 될지 모르겠네? 어찌해야 될지 모르겠네?" [이러거든요] 당장 죽음의 공포를 느끼면서도, 개네가 20분을 더 버티거든. 그래 놓고 나서, 밖으로 지들만 쏙 튀어나오는데, 골 때리는 건, 경찰 대화방을 보면 자기네들이 사고 당일 날 의사소통을 한 게 몇 가지가 있어요. [사고 당일 사용했던 교신 방식으로는] 브이에이치에프(VHF)라고 해서 진도 브이티에스(VTS)를 중심으로 하는 브이에이치에프 통신[초단파무선통신]이라는 게 있고, 티알에스(TRS) 통신이라고 경찰 무전망, 경찰 지휘망이 있고, 세 번째 문자 대화방이 있고, 유선전화가 있고 해서 몇 가지가 있습니다.

근데 문자 대화방에 보면, "지금 대공방송을 하고 있다"는 얘기가 나와요. 사실 상황실에 있는 애들은 세월호 상황을 전혀 모르거든, 그 상태에서. 그런데 대공방송을 하고 있다는 얘기가 10시경에 나오는 거예요. 그게 왜 나오겠어요? 요전 주에 제가 말했잖아요. KBS 같은 경우에도, "그런 방송을 했다", "뛰어내리라"는 얘기를 했다는 게 나오거든. 그게 우연이 아닌 거거든요. 결국에는 그 사람들이 그게 겁나서 얘기를 못 하는 것이라고, 솔직히 개인적으로는 확신해요. 옛날에는 "설마?" 그랬는데, 요즘 와 보니까 완전히 귀신이 씌어가지고….

8
진상 규명의 조건들

면담자 이렇게 조사하시면서 '언제쯤 실체를 밝힐 수 있을까?', '실체는 밝혀질까?' 이런 생각은 안 드세요?

수현 아빠 빨리는 돼야 하는데, 저는 밝혀는 진다고 생각을 해요. 특조위가 아니더라도 우리 부모님들 중에도 미쳐서 날뛰는 사람들도 많고, 저도 사실은 반 미쳤고…. 저 혼자서 안 되다 보니까 주변에 유가족 몇 명하고 시민 몇 명하고 한 20여 명 서울에서 주마다 한 번씩 모여서 회의하면서, 진실을 찾아가는 모임도 하고 있고…. 어쨌든 나타나긴 나타날 거예요.

문제는… 사람들이 진상 규명에 대해서 많이들 얘기하는데… 사실은 진상 규명에 대한 개념 자체를 우리 가협에서도 그렇고 '다시 정리를 해야 된다', 이 사건의 진상 규명은, 물론 사건의 실체 자체를 다 밝혀야겠지만, 기본적으로 '우리 부모님들이 의혹을 가지고 있는 사항을 정리를 해야 된다'는 거죠. 정리를 해서 그것이 다 밝혀져야지만이 진상 규명이 된 거고……. 또 하나는 시간적인 문제인데 진상 규명이 잘됐다고 이야기하려면 '공소시효 기간 내에 돼야 된다', 어쨌건 공소시효 기간이 넘어가면 밝혀져 봤자 그런[소용없는] 거고, 또 하나는 '거기 관련된 사람들이 다 처벌을 받아야 된다', 다른 사람들은 모르지만 나는 이 세 가지 전제조건…이 완성이 안 되면, 진상 규명이 됐다고는 솔직히 생각하지 않습니다. 기본적으로 그 세 가지는 충족이 되어야 한다고 생각해요.

면담자　　부모님들의 의혹이 풀리지 않은 거라고 한다면 어떤 것이 있을까요?

수현 아빠　　의혹이 풀리지 않은 거는, 참고로 저 같은 경우는 개인적으로 정리해 놓은 게 있어요. 이걸 보다 보니까, 제 스스로 의혹이 하나씩 풀리는 것도 있고. 어쨌건 간에 의혹이 정리가 되어야 하고, 그게 다 되어야지만이… 흔히 사람들이 이야기하기를 "이건 10년이 걸린다", "20년이 걸린다" 어떤 사람들은 "몇 년이 걸린다" 또 "난 몇 년 동안 싸울 거다" 이렇게 얘기하지만, 이건 그런 기간적인 개념은 아니라는 거죠. 기간적인 개념은 아닌데 적어도 진상 규명이 되려면 의혹 사항이 해소가 되어야 하고, 관련된 자들이 다 기소가 되고, 처벌받아야 되고… 그러려면 당연히 공소기간 안에 해야 되고. 저는 개인적으로 그렇게 생각하고 있습니다.

9

주변 사람들의 반응

면담자   주변에 친구들이나 가족분, 아내분 말고, "그만해라", "잊고 지내라" 이렇게 말씀하시는 분들이 많을 것 같은데요.

수현 아빠   많습니다. 심지어 고등학교 동기인데, 제가 원래 83학번인데, 그 친구는 한 해 꿇어서 84학번으로 서울대 들어갔다가, 옛날 부산 미국문화원 진입했다가 붙잡혀서 대학도 제대로 졸업 못 하고, 나중에 10년 뒤에까지 정상적으로 취업도 못 하고 지금 강남에서 학원 원장 하는 친구가 있는데, 원장이 아니고 본부장이라고 하더라고…. □□[학원] 하는 친구가 있는데, 그 친구는 자기가 젊어서 그렇게 고초를 겪고 해도, 나한테 문자하고 전화 주면서 "너무 나대지 말라" 그러더라고요(웃음). 힘든 걸 알아서 그러겠죠. 생각보다 많아요……. 이해할 만한 사람들이 그러면 좀 상처도 받고…….

10

사건기록 정리

면담자   사건기록이나 자료들이 방대할 것 같은데, 이걸 나름 정리하시잖아요. 어떻게 기록을 정리하세요?

수현 아빠　해경 거는 나름대로…… 따로 정리를 했고, 나머지 이준석 선장 건에 관한 부분, 청해진 사건에 대한 부분, 다른 해경에 대한 부분, 이 부분은 다른 팀의 힘을 빌려서 정리가 됐습니다. 정리가 됐고, 정확히 성공할지 못할지는 모르지만, 올해 말쯤 되면 대중들한테 쉽게 접근할 수 있도록 공개해 버릴 거예요. 그때쯤이면 얼추 될 거라고 생각을 하고 있어요. 일단 일차적으로는 러프하게[거칠게] 정리해 놨고. 국가기관에 대한 부분은 그놈들이 서류를 내놓지 않고 하다 보면 혼자서는 뗄 수도 없는 거고, 조사특위의 힘을 빌려서 할 수밖에 없는 거고…. 기존에 나와 있는 서류들만 일단 정리를 하고, 해경에 대한 거는 제가 감정이 워낙 안 좋기 때문에, 일차적 타도 목표가 해경이기 때문에, 그건 제가 직접 따로 정리를 하고…. 그 양반들의 직무유기한 부분들, 구조 방법의 오류 같은 부분들을 제가 정리했습니다.

면담자　그 일을 가족대책협의회의 진상규명분과 밖에서 하시는 이유가 따로 있는지요?

수현 아빠　없습니다. 제가 진상규명분과를 그만두어야 했던 이유가, 우선 형식적인 일에 너무 많이 시간을 뺏기고, 그리고 지금 조사특위라든가 이런 부분이 잘 가지 못한다고 한다면 거기서 제가 버티고 있어 봤자고… 〈비공개〉 그러면 '누군가는 해야 될 일이고… 그러면 내가 해야 된다'고 생각했었고. 그[진상규명분과] 일을 그대로 가지고 나서 한다고 한다라면 도저히 물리적으로 할 수가 없는 상황이어서, 아예 집에 또아리 틀고 나서 하는 게 맞다고 생각도 했었고. 제가 나와 있는 상태에서 그쪽 조직을 이용해서 어떻게 하는 건, 새로 온 사람이 와서 있는데 그 사람의 스타일도 있는데, 제가 전임자라고 "감 놔라, 배 놔라" 할 수도 없는 거고, 그러면 괜히 구설수에만 오르는 거고⋯⋯. 저는 그런 부분을 생각을 하고 나왔던 거예요.

그래서 가협이 하고 있지 않은 부분을 일반 시민들하고 저하고 같이 힘을 합쳐서, 이슈화시킬 수 있는 것은 이슈화시키고, 언론을 통하든 뭘 하든 그렇게 해서 나가려고 하고⋯. 한편으로는 소송 자료라든가 이런 것들을 가지고 객관적이고 디테일하게 정리해서, 연구를 하는 사람이면 연구의 자료로 활용할 수 있도록 해주고, 관심 있는 사람은 관심 있게 보고, 또 시나 소설을 쓸 사람은 그거 보고 [활용]할 수 있도록 해야 하지 않나. 다른 사람들은 어떻게 생각하는지 모르겠지만 저 같은 경우에는, 이 사건이 낱낱이 파헤쳐져서, 실상이 다 밝혀지지 않은 상태에서 5년 가고, 10년 가고 하면, 여기서 새로운 창작물이, 이걸 모티프로 해서 많이 나올 것 같은데, 그런 상태에서 허구의 그런 걸 가지고 나와서 돌아다니고, 속된 말로 영화관에서 영화화되고 소설이 돼서 팔리면, 본인들로서는 재밌고 할지 모르겠지만 피해자로서는 그거 들여다보기가 되게 고통스러울 것 같아요. 그렇게 생각을 많이 해봤어요.

적어도 세 가지 전제조건에서 반드시 책임자들을 법정에 세워야겠지만, '반드시 방지해야 될 부분이 그 부분이다'라고 생각해요.

그래서 거기서 안 되더라도, 주어진 상황에서라도 "팩트는 이거다"라고 정리를 해서, 그 한계를 넘어서지 않게끔 하는 게 좋지 않겠느냐는 게 제 목표였어요. 그런 상황에서 그런 거지, 그쪽하고 맞거나 안 맞거나 그래서 나온 건 아니었고….

면담자 　　　진상 규명의 조건이나 처벌에 대한 이야기도 하셨고, 사건에 대한 이야기들이 일부의 시선으로 각색되어 나가는 것이 아니라 종합적으로 바라보아야 한다는 목표도 얘기해 주셨는데, 이런 부분들이 아버님이 활동하면서 많이 생각하신 것 같아요.

수현 아빠 　　　고민을 많이 했습니다.

면담자 　　　그런 고민을 하게 된 특별한 계기 같은 게 있었는지요?

수현 아빠 　　　가다 보니까 그렇게 됐습니다. 계기까지야, 뭐…. 그런 기록들을 읽다 보면, 제 스스로가 자꾸 창작물을 생각을 하게 되거든요. 읽고, 읽고, 읽고. 저같이 머리 나쁜 사람이 그 정도 생각을 할 거면, 상업성을 가지고 하는 사람들은 더할 수도 있는 거니까. 역사적인, 아니면 팩트적인[사실적인] 부분에서만 다뤄지면 좋을 것 같아요.

　　그런데 실제로 벌써 작년서부터 이 건을 다큐화하려는 사람들도 많이 있었고, 하다가 주변의 반대에 부딪혀서 중단한 사람들도 있고…. 지금 파파이스에 김지영 감독은 〈인텐션〉[의도]이라는 주제를 가지고 다큐를 만들어가고 있는 상황이고 이러다 보니까… 심히 우려돼요. 김지영 감독은 제가 많이 도와드리는 이유가, 그 양반은 팩트를 찾아서 그걸 가지고 하려고 하는 노력이 많이 있기 때문에 제가 많이 도와드리려고 하고. 지금은 그 양반하고 계속 대화도 하고, 서로 영감도 주고받고 하는데… 그런 분들 같으면 우려를 안 하겠지만, 아주 완전히 새로운 소설을 쓰거나, 새로운 영화를 만든다고 하면 정말 슬플 것 같아요. 세월호 관련되어 가지고 백만 관중을 동원한다든지 천만 관중을 동원한다든지, 부모 입장에서는 되게 그렇거든.

다른 분들은 어떨지 모르겠는데 저는 그 생각을 많이 해봐요. 차라리 정말 팩트가 나와서, '대통령이 저것을 지시해서 어떻게 됐다'는 그런 과정을 다룬다면 모를까, 그게 아닌 상태에서 그런다면.

면담자　　　예를 들어 〈다이빙벨〉이나 이런 것들은 어떻게 생각하세요?

수현 아빠　　〈다이빙벨〉 같은 경우는 그래요. 두 가지 관점이 있는데, 우리 부모님들이 그 당시에 언론하고 접하면서 했던 그런 관점. 그런 사람들은 이종인 사장을 되게 안 좋아하게 생각하는 사람이 있고, 그걸 논리적이고 상황적으로 생각하면 대단히 필요한 조치였다고 생각하는 사람이 있고. 저 같으면 후자로 생각하고 있습니다. 애초에 사람들도 〈다이빙벨〉 상영하는 데 찬성하느니 반대하느니 하고 했는데, 그 당시에 저는 그때 분과장이었으니까, 입장을 맘 놓고 표현을… 집행위원회의 입장이 결정되지 않은 상태여서 얘기하기는 쉽지 않은 상태였는데, [그래도] 저는 "그건 해야 한다"고 얘기를 했었고….

11
사건 이후 변화

면담자   많은 고민을 하시는 것 같아요.

수현 아빠   하는 게 그것[고민]밖에 없습니다, 요즘. 우리가 이거 사고가 생기고 나서 가끔 가다 생각해 보면, '참 가지가지도 해본다' 이러는데. 어떤 사람은 그러더라고. 자기가 "이 사고 나서 새로운 거, 처음 경험한 거, 길거리에서 자는 거부터 시작해서, 굶는 거도 그렇고, 그런 게 엄청나게 많다"고 그러는데 그거를 다 얘기는 못 하겠지만, 어마어마하게 가지가지 해본 거죠.

면담자   아버님께서 경험하신 것 중 새로운 것이나, 기억에 남는 것이 있다면요?

수현 아빠   〈비공개〉 언제 우리가 한번 국회 가서 얘기한 적이 있었는데, 이 사고가 생기기 전에는 우리 전부 다 아침에 일어나서 졸린 눈 비비고 회사 가서 열심히 일하고 저녁에 소주 한잔 먹고 들어오고 그러다가… 사고 나서는, 나는 직접 안 갔지만 대통령도 독대하고, 국무총리한테 물병도 던지고, 장관들 끄집어 내린 것도 있고….

그러면서 우리가 그 얘기를 했지요. "참, 옛날 같았으면 당신 같은 사람들 만나면 되게 영광스러운 자리였고 대단한 자리였겠지만, 우리는 옛날의 그게 확실히 편하다. 그때가 행복했다" 이렇게. 정말 그런 '놈'들을 안 만나도 되는… 그런, 그런 경험을 했다는 게 제 입장에서 보면 그게 가장…. 60살이 됐든, 70살이 됐든 꾸역꾸역 일하다가 일개 소시민으로서 죽어가는 게 오히려… 가능하면 손주 새끼 재롱이나 보면서 엉덩이나 두드려주면서 살았어야지, 그게 일상적인 삶이고…. [우리가 겪은 건] 기억에 남아서는 안 되는 기억인데.

면담자 　　　그것이 특별히 기억에 남았던 게, 인상적인 장면 등이 있어서 그랬나요? 그때 분위기?

수현 아빠 　　　글쎄, 분위기도 그렇고… 우리가 해야 될 부분이 있는데, 기본적으로 한계에 부딪혀서…. 사실 그 법의 고객은 우리인데, 어디 가든지 고객이 왕이 되어야 하는데, 결국 언론에 비춰질 때는 떼쓰는 놈처럼 비춰졌었고, 그놈들한테 가서 얘기할 때는 결국에는 사정하는 놈으로 행동했었고.

면담자 　　　그때가 8, 9월쯤이었죠?

수현 아빠 　　　그렇죠. 9월, 10월이었죠. 제가 들어가기 전에 다른 사람도 했었지만은. 그때가 마무리 작업을 하는 시점이었으니까. 9월, 10월……. 그 누구도 경험해서는 안 되는 일을, 박근혜 대통령 덕분에 경험을…….

면담자   지난 1년간 너무 많은 일이 있었어요.

수현 아빠   시간이 어떻게 가는지 모르겠어요. 월요일이라고 생
각했는데 벌써 일요일이 지나고⋯⋯.

면담자   오랜 시간 동안 참 고생하셨습니다. 오늘 저희 구술
은 여기까지 하도록 하겠습니다. 감사합니다.

3회차

2015년 7월 26일

1
시작 인사말

면담자　　　본 구술증언은 4·16 사건에 대한 참여자들의 경험과 기억을 기록으로 남김으로써 이후 진상 규명 및 역사 기술에 기여하고자 합니다. 지금부터 박종대 씨의 증언을 시작하겠습니다. 오늘은 2015년 7월 26일이며, 장소는 안산시 글로벌다문화센터입니다. 면담자는 김향수이며, 촬영자는 강재성입니다.

2
버킷리스트 이야기

면담자　　　지난 며칠 동안 어떻게 지내셨는지요?

수현 아빠　　계속 같은 걸 했습니다. 금요일 날 버킷리스트 공연이 있었으니까, 그거 갔다 오고 나서는 계속해서 집에서 읽던 거 읽고 있었습니다.

면담자　　　버킷리스트 얘기를 해주시면 좋을 것 같은데요. 인터뷰하기 전에 찾아봤더니 버킷리스트에 대한 방송이나 기사들이 나오던데, 처음에 버킷리스트 발견한 이야기부터 해주세요.

수현 아빠　　이상하게 우리 수현이는 그쪽으로 관심이 많았던 것 같아요. 버킷리스트 하다 보면 에이디에이치디(ADHD)[주의력결핍

과잉행동장애]라는 용어도 나오지만, 그런 용어나 버킷리스트나 사이코패스나 이런 부분에 대해서 [관심이] 있었고. 심지어는 어느 날인가 본인이 "나는 나중에 사망을 하면 나의 시신을 기증하겠다" 이런 얘기를 했던 게 기억이 나고요. 어린아이가 얘기하는 거니까 대수롭지 않게 생각하고 넘어갔던 거죠.

그리고 4월 16일이 왔었고, 4월 22일에 아이를 찾고 26일에 장례식을 치르고, 그러고 나서 한 5월 어느 날쯤 될 겁니다. 아이 물건에다가 손을 못 대고 있다가, 수현이 엄마가 책상 정리 겸 하다 보니까, 책상 서랍에서 메모 노트가 나왔는데, 일기장이라고 하기도 그렇고, 딱히 일기장이 아니라고 얘기하기도 그렇고, 이것저것 생각나는 것들… 초등학교 때도 자기가 생각나는 것들을 동시 식으로 써놨던 게 나왔었고. 이건 아마 중학교에서 고등학교 넘어가는 시점에 작성을 했던 걸로… 내용이나 이런 걸 봐서는. 그 안에 하고 싶은 것들에 대한 메모지가 발견이 된 거죠. 스물다섯 가지가 거기서 나와 있었고……. 와이프가 그걸 보면서 내용에 대해서… 나름대로 감동받은 것도 있고. 그래서 블로그에다가 올리면서 세상에 알려지고 그러다 보니까… 그렇게 됐었죠.

면담자   버킷리스트 공연을 하게 되는 과정들을 이야기해 주세요.

수현 아빠   그 당시에 누구랄 것도 없이, 아이들이 남겨놓고 간 삶의 흔적…들에 대해서 언론이라든가 이런 데서 관심을 많이 가

수현 아빠 박종대

졌었죠. 이 버킷리스트가 알려지면서, 윤솔지라는 분이 있었는데, 지금은 '304 잊지 않을게'[를] 이끄시는 분이거든요. 그분이 우연히 우리 블로그를 방문했다가, 버킷리스트에 "뮤지션 싸인 받기" 그 부분을 보고 나서 본인이 해줄 수 있는 것은 그런 것밖에 없겠다는 식으로 해서, 본인이 "받아서 드리면 어떻겠느냐?" 그런 얘기를 했었고.

수현이 버킷리스트의 첫 번째가 "재즈 피아노로 세계적으로 인정받기", 두 번째가 "작곡" 그렇게 있었는데, 수현이 노트북 속에 혹시 작곡해 놓은 게 있는가 싶어서 [봤더니], 그 사람[윤솔지 작가]하고. 시나위라고 그랬죠? 신대철 선생님이 관심을 많이 가져서 '혹시 뭐가 있을까?' 싶어서 수현이 노트북을 가지고 가서 검증을 했는데, 불행하게도 작곡해 놓은 것은 마디 수로 한 열댓 마디 정도가 나오고 나머지는 없었고, 다른 USB나 메모리카드에다가 남겨 놓은 것 같은데 아직까지 찾지를 못했어요. 있는 건 아는데 어디 있는지를 몰라서, 어디다가 숨겨놨는지. 이사를 가야 찾으려나? 어쨌든 찾지를 못했고. 그때 거기서 공연에 대한 부분도 있었고, 막연하게나마 애비 된 입장에서 '어떻게든지 공연을 추진해 봤으면 좋겠다'는 생각을 했는데. [공연]멤버가 일고여덟 명 정도 됐었는데 다 사망하고 세 명만 살아남은 입장이어서 추진도 못 했었고…. 작년 같은 경우에는 추진을 한다고 하더라도 밴드라든가 이런 걸 두드리면서 하는 분위기도 아니었고.

올해 1월 17일이 우리 수현이가 [만] 17살 되는 생일인데, 그때 많은 분들이 우리 집으로 모였었어요. 그때 남아 있는 수현이 세명 친구들도 왔었고, 그 친구들은 버킷리스트에 20회 공연이 있는지를 몰랐던 거예요. 그런데 그 자리에서 다른 사람들이 얘기하는 걸 듣고 알게 되니까… '자신들의 몫이다', '본인들이 해야겠다'라고, 그래서 공연을 추진을 하기는 했는데, 그때가 1월 17일이었으니까…. 애네들이 중학교 3학년 때 했던 밴드였으니까, 이후에는 고등학교 가고, 공부하느라고 하지 못해서 성장이 멈춰 있는 밴드였고, 거기다가 멤버의 대다수가 사망한 입장이었으니까 막연한 상태였는데, 그때 윤솔지 선생이 도움을 줘서 그분 근처에 계시는 뮤지션들의 도움을 좀 받고. 1회 공연은 본인들이 하는 걸로 하고, 이제 3학년이기 때문에 대학은 가야 되니까, 대학 시험 보고 나서 나머지 부분은 본인들이 채우겠다 그랬죠. 같이했던 뮤지션들이 "너네가 돌아올 때까지 우리가 나머지 부분을 채워주겠다" 그래서 그때부터 열심히 연습을 해서 3월 8일 날 첫 번째 공연을 하고, 4월, 5월, 6월, 7월 이후 공연까지 총 5회를 진행한 것으로 되어 있습니다.

면담자   공연을 보시면서, 아니면 공연을 준비하는 과정에서 인상에 남았던 기억이 있다면요?

수현 아빠   글쎄요. 락 그룹에서 대단한 사람들은 아직까지는 좀 그렇지만은… 그래도 최근에까지 했을 때 꽤 인지도가 높으신 분들이 와서 해주셨고. 특히 우리 486, 586 이쪽에 되는 사람들, 전인권 선생 같으신 분들도 공연에 서주셨으니까, 그런 부분이 인상적이기도 하고. 제 입장에서는 아이들 공연, 그날 달랑 세 곡밖에 연주를 못했는데, 그게 인상에 많이 남았습니다. 왜냐면, 우리 아들이 그 밴드를 만들었던 친구였고, 리더였었고… 무대에 올라갔었고. 솔직히 '중학교 때 한 밴드가 얼마나 잘하겠느냐?'라는 생각에 크게 기대를 안 하고 '틀리지나 않았으면 좋겠다'라는 생각을 가슴속으로 했는데, 올라갔을 때는 많이 조마조마했습니다.

올라가서 마지막으로 모든 프로들이 앞에 하고, 메인을… 최고 아마[아마추어]인 사람들이 메인을 장식했는데, '생각보다는 실력이 괜찮았다'는 생각이 들고, '우리 아들도 갔으면 꽤 괜찮은 뮤지션이 됐을 수도 있겠다'는 그런 생각도 해봤고. 마지막에는 관객들이 가지를 않으시더라고… 앵콜하느라고. 불행하게도 걔네들이 딱 세 곡밖에 준비를 안 해 갔으니까 앵콜곡을 받아주지를 못해서… 그렇다고 했던 걸 다시 연주할 수도 없는 거고. 오히려 관객한테 사과를 했어요. "우리가 가지고 있는 거는 사실 이게 전부다" 하고 "우리가 갑작스럽게 준비해서 전부가 이것밖에 안 되니까, 다음에 돌아왔을 때는 대학 합격 여부와 상관없이 무조건 나머지 공연은 채워드리겠다. 그러니까 그때 오시면 앵콜곡을 받아들이겠다" 이랬죠. 그러니까 거기 애들[관객들]이 "괜찮아! 괜찮아!" 그러고는 집으로 돌아가셨는데, 그게 가장 [기억에] 남는 것 같아요.

면담자   밴드 이름이 뭐였나요?

수현 아빠　에이디에이치디(ADHD)라고 그러더라고요. 그게 병으로 얘기하면 주의력결핍 무슨 장애[주의력결핍과잉행동장애], 뭐 이런 건데. 우리 아들이 에이디에이치디 얘기를 많이 했는데, 나중에 알고 보니까 그게 '남들과 상관없이 나만 즐거우면 된다. 왜 주변에 신경 쓰느냐? 우리만 즐거우면 되지' 그래서 에이디에이치디라고 [지었다고 얘기를] 하더라고. 처음에 버킷리스트를 딱 열었을 때, "공연 20회 하기-에이디에이치디 기준" 이래 가지고 '이게 뭔가?' 해서 방송 용어인 줄 알았는데. 언젠가 MBC와 관련된 어떤 사람하고 인터뷰를 했는데 "혹시 그런 용어를 아십니까?" 그러니까 "많이 들어본 용어긴 한데 잘 모르겠다"라고 하더라고요. 나중에 생존해 있는 친구들 중에 기타 치는 친구가 있는데, 그 친구한테 물어봤어요. "야, 에이디에이치디가 뭐냐?" 이러니까 "아버지, 그거 우리 밴드 이름이었어요" 이러더라고. 그래서 "아, 그게 그거였구나" 그랬는데.

면담자　인터뷰를 봤더니, 버킷리스트를 "남겨진 숙제"라고 표현을 하셨던데요.

수현 아빠　예(웃음). 그런 식으로 얘기를 하긴 했는데.

면담자　어떤 의미로 말씀하신건지 설명해 주세요.

수현 아빠　버킷리스트라는 건 원래 본인이 살아 있을 때, 자기가 죽기 전에⋯ 하는 것이 버킷리스트인데⋯ 다른 사람들이 인정할지 안 할지는 모르겠지만은. 국가 권력에 의해서 본의 아니게 그걸

수현 아빠 박종대

할 기회를 박탈당했으니까…… '애비인 내가 그걸 해준다면, 그걸 하는 동안은 살아 있는 거'라고 생각을 하고…… 차마 떠나보내지 못하는 그 마음이지요……. (눈물을 닦으며) 죄송합니다, 이게 자꾸.

면담자   아닙니다. 얘기하시다가 힘드시면 쉬다가 해도 되니까요.

수현 아빠   예, 예.

면담자   글씨체를 보면 '아이가 아버님을 닮아서인지 되게 꼼꼼할 것 같다'는 생각을 했거든요.

수현 아빠   그래요?

면담자   야무진 느낌?

수현 아빠   글씨체가 아주 여러 가지예요.

면담자   그래요? 이거[버킷리스트] 보면서 야무지다는 생각이 많이 들었는데요.

수현 아빠   생각지도 못한 "얼굴에 레이저 쏘기", "연예인과 결혼하기" 이런 걸 해놔서… 우리 딸하고 블로그를 만들면서 "한번 우리 해보자"라고 해서 진행을 하긴 했는데, 기본적으로 성격상 못하는 게 있으니까… 그런 것들이 그렇고.

3
블로그 관리

면담자　블로그를 4월 16일 이후에 만드신 거죠?

수현 아빠　예. 그건 제가 만들었습니다. 정확히 기억은 안 나는데, 5월 초쯤 되었을 거예요……. 진도에서 사실상 겪지 말아야 했던 그런 부분을 겪고 올라왔고… 올라왔을 때, 작년 5월 1, 2, 3, 4, 5, 6, 그때가 아마 거의 연휴식으로 됐던 걸로 기억이 납니다. 그때가 지나고 나면 세월호 참사에 대한 것들에 대한 기억 자체도 희미해질 것 같고, 국가 권력이 의도적으로 자꾸 희석시키려고 노력하는 것 같고, 그랬을 때. 나름대로 제가 큰 것을 하지는 못한다고 하더라도, 그 상태에서 조금이래도 '다른 사람들하고 공유하면서 끌고 갈 수 있는 게 뭘까?' 했는데… 우리 가족도 그렇고… 수현이도 추억하고, 사고의 진실들도 알리고, 이런 걸 해야 되지 않겠느냐, 그런 차원에서 만들었죠.

　그래서 블로그 자체도 수현이 추억하는 공간하고, "진실의 창"이라고 해서 그런 부분하고, 수현이한테 편지 쓰는 부분하고 그렇게 나눴던 것 같고…. 저는 '사람들하고 "진실의 창"을 통해서 그 부분[세월호 참사의 진실]에 대해서 세상 밖의 사람들하고 교감하는 그런… 공간이 됐으면 좋겠다'고 생각했는데, 결국에는 일방적으로 제가 외치는 그런 공간밖에 안 되긴 했는데… 어쨌건 지금까지 한 23만 명 정도 들어오셔서 보시고 가고 그랬었으니까 역할을 전혀 안 했다고는 생각하지 않고.

면담자   아무래도 블로그 특성 자체가 카페랑 다르게 내 이야기를 주로 하는 부분이니까.

수현 아빠   그렇죠, 네네.

면담자   네이버 블로그로 하셨을 때, "유입 검색어 보기" 이런 게 있잖아요. 사람들이 어떻게 들어오나, 그런 걸 보셨는지요?

수현 아빠   그거 보기는 했어요.

면담자   주로 어떤 키워드로 들어오던가요?

수현 아빠   최근에는 보지를 못해서 기억이 잘 안 나는데, 보긴 했었습니다.

면담자   23만이면 되게 많이 들어온 건데요.

수현 아빠   많이 들어왔어요, 초창기에. 작년 6, 7월 이때는 하루에도 7000명 정도까지 들어와요. 최근에 제가 광주 법원에서 피해자 진술을 했는데, 그 내용은 별로였는데[도] 전체적으로 하루에 많이 들어올 때 6, 7000명 정도까지 들어왔었고, 올해도. 그러고 토탈로[다 합쳐서] 그 건 관련해서 한 2, 3만 건 들어왔던 걸로 기억이 나요. 왜 그랬는지는 모르겠는데, 그랬던 거 같고요. 요즘에는 사건기록을 읽는 데 중점을 두다 보니까 블로그 관리를 잘 못하거든요. 그러다 보니까, 300명 그 선에서 왔다 갔다 하고.

4
딸 이야기

면담자　　　블로그 만들 때 따님이 도와줬다고 하셨잖아요.

수현 아빠　　예. 초창기에 제가 생각을 했고, 딸이 그대로 카테고리를 만든 거예요.

면담자　　　따님이 고3이었잖아요. 대학 공부하는 데 마음이 많이 힘들었을 것 같은데… 입시를 잘 치렀다고 그러던데요.

수현 아빠　　글쎄요. 사실 기대하던 만큼은 못 된 거죠. 2014년은 창대하게 시작했어요. 딸도 고3이었고, 아들도 고2였고, 올해 고3 올라가니까. "누나, 올해 대학도 잘 가고, 그러면 2015년도 초에 온 가족이 일본 여행 가자", 우리 아들이 일본 문화를 동경하던 부분이 있었으니까. 그래서 "좋다"고 그랬는데, 사고가 발생했고… 딸내미 같은 경우에는, 사고 발생하고 나서는 공부를 거의 못 했으니까. 거기다가 의도적으로 공격을 한 것이지만, 새누리 쪽에서 특례 입학과 관련해 가지고, 그렇지 않아도 공부가 안 되는데 그것 때문에 대단히 많은 상처를 받았죠. 어쩔 수 없는 상태라고… 지금은 운명이라고 받아들이기는 하는데 가슴은 아프죠. 본인이 생각했던 부분이 분명히 있었을 테고, 그런 상황이 생기지 않았더라면 현재의 위치보다는 좀 더 좋은 위치를 점할 수 있었을 것인데… 어쨌건 그 사고와 관련해서 그렇게 됐으니까.

수현 아빠 박종대

면담자 　법대 쪽으로 진학을 했다고요.

수현 아빠 　네. 법학과로 갔습니다.

면담자 　원래 법학 쪽으로 관심이 있었던 건가요?

수현 아빠 　우리 아이는 원래는 언론 쪽을 생각했었습니다. 학교도 이거보다 좀 더 상향을 생각했는데, 이번 일 생기면서 그 학교, 그 과를 가기에는 힘들어진 것 같고, 그러니까 차선을 선택했던 걸로.

5
지난 1년에 대한 소회, 아쉬움

면담자 　작년 1년 동안 아쉬운 점이 있으시다면요?

수현 아빠 　이 사건에 대한 아쉬움을 말씀하시는 겁니까?

면담자 　아니요. 사건 이후에, 지난 1년 동안을 돌아봤을 때 아쉬웠던 일이요.

수현 아빠 　아쉬운 점은 없는 것 같아요. 땅을 치고 통곡할 일만 있지…. 그렇게 말씀하시니까 막연한 것 같긴 한데… 저 같은 경우에는 사회적으로, 제도권 밖으로 좀 많이 밀려날 타이밍인데, 어쨌든 그 당시에는 그래도 꿋꿋하게 잘 생활을 하고 있었고, 전체적으로 봐도, 경제적으로 봐도 가장 윤택해지는 그런 상태였고, 아이들

125
•

도 나름대로, 다른 집 아이들처럼 사고 쳐서 학교에 붙잡혀 가는 것도 아니고… 평범하지만 일상 속에서 소소하게 행복을 느끼고 살 수 있는 위치였는데… 그… 사건으로 인해서 행복은 다 깨지고 결국에는, 저는 그거를 '실패한 인생'이라고 생각을 하는데, 사실 '실패한 인생'이 돼버린 거죠, 따지고 보면. '몇 살에는 뭐 하고, 몇 살에는 뭐 하고' 이런 식의 플랜을 갖고 있었고, 실제로 실현 불가능한 것도 아니었고.

그런데 이 사건이 생기면서 제도권으로부터 본의 아니게 억지로 이탈이 되었고, 아이는 하나가 사망하고 없고… 그렇다고 슬프지만 이 상황에서 다시 제도권에 진입하는 게 쉽지는 않고, 그 부분에서 많은 비애를 느끼고 있습니다.

면담자   제도권에 진입한다는 건 어떤 의미인지요?

수현 아빠   경제적 능력을 이야기하는 거지요.

6
활동에서 고마운 점, 앞으로의 목표

면담자   지난 1년 동안 진상 규명 활동을 하시면서 상처받을 일이 많으셨잖아요. 그래도 위안을 받거나, 버틸 수 있게 했던 그런 일들이 있었다면요?

수현 아빠   유일하게 우리들한테 위안을 줬던 거는… 많은 국민들과 시민들, 그분들이 같이 등도 두드려주시고, 격려를 해주시고, 메시지도 많이 보내주셨고… 대중 집회라든가 이런 데서 많이 같이 호응해 주시고, 지금도 정부의 행태에 대해서, 잘못하고 있는 부분에 대해서 같이 동참해 주시고, 호소해 주시고. 그것 빼놓고 보면 위안이라는 얘기는… 기억이 나지 않는 것 같습니다. 그분들한테는 무한한 고마움을 느끼고 있습니다.

면담자　　　이후에 하고 싶으신 것이나 목표 등이 있으신지요?

수현 아빠　　　안 하면 안 되는 일이니까, 이 사건의 실체를 밝히는 일, 그것에 대해서는 계속해서 갈 수밖에 없을 것이고, 언제까지가 될지는 모르겠지만. 지난주에 '전 이렇게 생각합니다'라고 말씀드렸지만, 그건 제 생각인 거지 이 나라의 통치자가 그것에 대해서 동의하지 않는 부분이니까… 그 부분에 대해서는 놓지 못할 것이고, 그리고 한 가정의 가장으로서 가족의 생계를 책임져야 하니까, 다시 재기할 수 있는 부분을 마련해야 될 것 같고…, 결국에는 버킷리스트에 나오는 "CEO[대표이사] 되기" 같은 경우에, 내가 다시 내 발로 서서 그 자리에 수현이 명패라도 하나 놔줄 수 있는… 현재로서는 이 두 가지 목표밖에는 없습니다. 그러고 나서 우리 가족들이 전부 건강하기만 하면, 그 외에는 더 이상 바랄 것도 없고.

수현이 이야기

면담자　　　수현이도 기타를 했던 거죠?

수현 아빠　　공식적으로 팀에서는 키보드예요. 기타도… 원래 어려부터 수현이가 악기를 좋아했어요. 어떤 악기든 들려만 주면 금방금방 익히고 치고 그래서…. 기타 같은 경우에도 오래 치지는 않았는데… 원래는 피아노를 집에서 하고, 즉석 연주를 좋아하고… 밴드에서는 키보드를 쳤고요.

면담자　　　버킷리스트에서 인상적이었던 게 "아빠 수제 기타 만들어 드리기"가 있었는데, 아버지께서는 기타를 하셨던가요?

수현 아빠　　저는 그건 아니고, 코드만 짚을 줄 아는 정도고, 그게 아마 우리… 수현이가 어렸을 때… 꽤 비싼 기타 한 대를 갖고 있었는데, 그 기타가 사실은 우리 수현이 장난감이었어요. 지금도 집에 그거 비디오로 찍어놓은 게 있는데, 기타를 끌고 다니다가 다른 애들이 장난감 기타 두드릴 때 지는 그 기타를 두드리고 그랬었거든요. 그러다 보니까 수현이가 철들기 전에 당연히 망가졌겠죠. 그러다 보니까 거기에 대한 미안한 감이 있는 것 같아요. 그래서 아마 그거를 적어놨던 것 같습니다.

면담자　　　버킷리스트 말고 메모나 남겨진 것들이 있나요?

수현 아빠　　메모…나 이런 것들은 좀 있어요. 시 비슷하게 써놨던 게 있고, 노래 가사 비슷하게 써놨던 게 몇 개 있었고. 이 버킷리스트 말고 업그레이드된 버킷리스트가 있었습니다. 공부와 관련된 버킷리스트. 이건 버킷리스트라고 생각하기보다는 공부에 대한 계획 이런 걸로 "내가 [가진] 현재 수학에 문제점, 영어에 문제점, 이문제점이 뭐다", 그 안에 음악에 대한 문제점도 얘기를 하면서 "이부분이 부족한데, 이렇게 하면 될 거다" 이런 식으로…. 생각보다 이것저것 낙서하는 걸 즐겨했던 것 같아요. 자유스럽게 여기저기에다가 그래 놨던 것 같습니다.

8
관계자들에 대한 경험

면담자   진상조사 관련해서 사람들 만나면서 들었던 생각이나 고민이 있다면요?

수현 아빠   저희가 만날 수 있었던 사람들이 피해자들, 이웃 주민들, 구조에 참여했던 잠수사들, 공무원 중에서 관련된 해경 이런 친구들… 그런 그룹으로 나뉘어질 수 있는데, 피해자들은 우리하고 비슷한 경험을 한 사람들이니까 크게 다를 건 없을 것 같고, 특히 저희는 화물 피해자 같은 사람들은 성인이고 그렇고 보니까, 거기서 구체적인 증거라든가, 남들이 경험하지 못하고, 아직까지 뺄어내지 못한 부분들이 좀 나올 수 있을까 해서 관심을 많이 가지긴 했는데….

이 사건에서 피해자라는 사람들은 146미터 길이와, 23미터 폭, 그것도 3층에서 5층까지의 공간에서 하나의 점으로서 사람들이 경험한 것이기 때문에, 이 사건에서 지금까지 나와 있는 부분을 확 뒤집을 수 있는 것을 찾는 것은 힘들다는 생각을 많이 했죠. 인근 주민들 같은 경우에는, 정확히 자기가 본 것을 기억을 하긴 하지만 확신을 못 가지고 있는 상태이고…. 일상에서 사람이 지나가니까 '그런가 보다' 이런 식의 생각을 했는데, 그게 사건이 되다 보니까 얘기를 한 거고, 중요한 건 그게 뉴스거리가 되다 보니까 그 사람들이 자칫 잘못하면 자기들한테 피해가 올 수 있는… 특히 그 사람들 생계 관련된 부분이니까 말을 잘 못하는 부분도 있고. 그리고 한편으로는 정부에서 언론이나 이런 걸 이용해서 조직적으로 대응을 하다 보니까, 그 사람 말 자체가 신빙성이 없어지는 문제가 있어요.

왜 그러냐면 조도나 동거차도에서 어떤 사람들 [말을] 들어보면 "8시 반이나, 7시 언제 배가 둥둥 떠 있는 걸 봤다" 초기에 그런 진술이 많이 나왔었고, 언론에서는 그 사람들 실명을 통해서 나왔는데… 정부에서 에이아이에스(AIS)[선박자동식별장치] 항적을 내놓으면서 몇 시에서부터 몇 시까지 계속해서… "470알피엠[RPM]으로 19노트, 20노트 전속력으로 달렸다"고 얘기를 해버리니까, 그 사람들 말 자체가 완전히 묵살이 되어버렸으니까… 이제는 그 사람들이 얘기해 봤자 자신들 말 자체도 신빙성도 없고, 그러니까 얘기를

수현 아빠 박종대

안 하는 부분이 있고.

아까도 잠깐 말씀드렸지만, 어쨌건 그 사람들이 섬에서 살려면 해경이라든가 이런 조직들하고 사이좋게 잘 지내야 하는데, 그런 부분이 있으니까 말을 못 하는 것도 분명히 있었다고 생각을 하고 있고. 그다음으로 해경이라든가 이런 사람들 경우에는, 그 사람들은 대부분 피의자 집단이지, 아직까지 처벌을 안 받았을 뿐이지 본인들이 형사적 책임을 져야 될 그런 사람들이니까, 말을 하고 싶어도 못 하는 부분도 있었을 것이고. 사람들을 대면하는 과정에서는 확실한 그런 거는… 아주 인상 깊고 그런 게 있었으면 이미 터뜨렸겠죠. 그런 건 찾지를 못했고.

요즘에는 그런 것을 종합해서 과거의 것까지 전부 다 해서 퍼즐을 다시 맞춰보는 쪽으로 공부하고 있습니다. 언론에서 나왔던 부분이 '맞다, 틀리다'라고 나누지 않고, 사실로 갖다 놓고 나서 조합을 해보고 해경이라든가 해수부의 그 당시 통화기록이나 문자대화기록 등을 갖다 놓고 다시 한번 맞춰보고, 요즘은 제로 베이스에서 재구성하는 단계에 있습니다. 거의 소설을 쓰는 단계로 가고 있습니다.

면담자 노트를 엄청 많이 쓰시겠네요.

수현 아빠 네, 많이 씁니다. 낙서식으로라도 노트에다가 쓰지 않으면 그 자체가 다 날아가 버리니까. 내가 써놓고 보관하고 있으면 언제쯤이라도 찾아보면 찾을 수 있으니까. 나름대로는 하여튼 정리해서 있습니다.

9

의심 가는 사람들과 자료

면담자　　구술증언하시면서 이야기를 해야 하는데, 아직 못한 부분이 있으신지요?

수현 아빠　　그런 건 별로 없는 것 같은데, 이 부분은 좀 말씀을 드려야 할 것 같아요. 그 사람들이 의도를 가지고 한 것은 아니겠지만, 진도체육관에 있을 때, 안산에 거주하는 사람이긴 한데 마치 유가족인 것처럼 내려와서 어떤 행위를 했던 부분. 그것은 일정 부분 의심이 풀린 것도 있는데, 어떤 부분은 아직까지 여전히 의혹을 가질 수밖에 없는…. 안산에 살고 있고, 동네에서 같이 있는 사람이라고 생각은 하지만, 자기하고 상관없는 데 와서는, "내가 누구 삼촌이다" 이런 식으로 해서 대표까지 한 사람이 있었고, 그런 사람들이 몇 사람이 있었고.

　　아직도 그중에서 어떤 사람은 자기가 알고… [수집]하고 한, 전체적인 자료를 가족협의회에 넘기지를 않는 거예요. 그래서 '왜 그랬을까?' 하는 생각을 하는데, 그렇다고 대놓고서 [뭐라고 할 수도 없는 상황이고]. 얼마 전에도 내가 그 사람하고 만나서 [자료를] 내놔라" 그러니까 "저는 다 넘겼습니다" 그러는 거야. 다 넘겼다고 그러는데 분명히 안 넘긴 것이, 눈에 보이는 게 몇 가지가 있고, 본인은 "이 사람 줬다" 그러고, 이 사람은 "이 사람한테 줬다"고 그러고 이러면서도 사실상 그 자료를 안 넘기고 있고… '그 사람이 왜 자기 하던 생업을 팽개치고, 누구 삼촌이라고 하면서, 내려와서 사이비 행사를 해가면서까지 그 자료를 다 넘기지 않았을까?'라는 데 대해서는 의문이 남아 있습니다.

특조위가 되고 나면 그건 그쪽에서 해결할 수밖에 없을 거라고 생각합니다. 그것도 내가 봤을 때는, 전전 주에 제가 말씀드렸던, '정부의 이간계하고 관련이 있지 않을까?' 하는 생각이 듭니다.

면담자   의심이 풀린 부분은 어떤 거죠?

수현 아빠   풀린 부분 같으면, 그 사람은 지금도 저희하고 교감하면서 생활하는데, 그 행위 자체는 바람직하지 못했지만, 지금 와서 다니면서 하는 걸로 봐서는 '그렇게까지 의심할 필요는 없었겠다'는 생각을 했기 때문에 풀린 거고요. 반대쪽에서 생각한다면, 누군가는 자료가 있다는 걸 알고 있는데, 그 자료를 여전히 안 내놓고 튕기면서 있으니까요.

면담자   안 넘어온 자료는 예를 들어 어떤 거죠?

수현 아빠   수중 촬영에 대한 부분입니다. 4월 19일인가요? 해경에서 구조가 늦어지는 이유…를 대는데, 자기들은 구조가 늦어진 이유가 뭐냐면 "조류가 세다", 그다음으로는 "물이 탁해서 앞이 안 보인다. 20센티미터밖에 안 보인다"고 그랬거든. 그러다 보니까 가족들이 "언론사에서 수중카메라 가지고 온 데가 있느냐?" 얘기를 했죠. 그래서 어디가 나왔겠죠. 그걸 가지고 그 안에 들어가서 실제로 그런지 아닌지 촬영을 해보고, 방송권을 그 집[언론사]한테 독점적으로 주기로 했던 거예요. 꽤 많은 분량을 찍었었고, [촬영한 게] 두 부분이 있는데, 하나는 유튜브에서 돌아다니는 영상이에요. 58분 되는 영상이 유튜브에서 돌아다니는 게 있고.

나머지 하나가, 그 안에 시신 상태에 대해 자기들끼리 대화하는 게 나온 영상이 있어요. 그 영상을 공개하려고 했는데, 내부적으로 현장 문제죠. 현장 문제로 좀 문제가 있었고, 그때 비디오테이프를 가지고 튀었다가 결국에는 공개를 못한 영상이 하나 있습니다. 그 영상을 줬어야 하는데 여전히 안 주고 있는 거죠. 우리 입장에는 꼭 받아서 돼[가지고] 있어야 하고, 그런 측면에서도 그렇고. 세월호까지 내려가서 찍은 거니까, 선체 밖을 볼 수 있는 자료라고 생각했기 때문에…. 지금처럼 위에 이끼가 껴 있거나 한 상태가 아니니까, 어떤 상태였는지 볼 수 있는 자료니까 진상 규명 차원에서라도 봐야겠다고 생각합니다. 그런데 그분이 안 주니까, 어떻게든 꼭 받아야겠다[고 생각하고 있습니다].

면담자 　　원래 그 자료를 가족 대표니까 준 거잖아요.

수현 아빠 　　그렇죠. 당연히 [돌려]줘야 하는데… 아직까지 안 줬죠. 이리저리 얘기하니까 서로 핑퐁 치고 있는 상태인 거죠.

면담자 　　각종 자료들의 리스트를 정리하는 일이 보통 일이 아니실 것 같은데요.

수현 아빠   그렇죠. 저는 계속해서 그걸 읽는 데만 주력을 하고, 정리하는 작업은 별도의 팀에서 하고 있어요. 진상규명분과장을 그만두고 나와서 진상 규명과 관련된 팀을 두 개 결성했는데, 하나는 유가족하고 일반 시민들하고 모여서 관련된 기록을 읽고, 의심하고, 문제를 제기하고… 이런 팀을 하나 만들었고. 또 하나는 현재까지 나와 있는 기록을 체계적으로 정리해서 보기 좋게 만들어서 다시 공개하는 팀, 그렇게 만들었습니다. 후자 같은 경우에는 10월, 11월쯤 되면, 많지는 않지만 현재까지 드러난 자료를 일부나마 밖에다가 공개를 할 겁니다. 관심 있는 사람이 됐건, 그걸 가지고 연구를 할 사람이 됐건, 그런 사람들이 자료를 손쉽게 활용할 수 있도록 할 겁니다.

또 아까 말씀드렸다시피 일반 시민들하고 이 팀에서는 의심스러운 행적을 찾아서 정리를 하고 난 다음에, 특별조사위원회가 8월달쯤 되면 첫걸음을 뗄 거니까, 그때 세간에 나와 있는 의혹이 아닌, 그거보다는 한 차원 더 높은 의혹, 그렇지만 반드시 해결해야 될 의혹, 기록을 읽으면서 나온 그런 부분들에 대해서 그때 한번 풀어보려고, 그걸 목표로 열심히 하고 있습니다.

본인과 가족들 건강 상태

면담자　　아내분께서 아이 장례 치를 때 응급실도 가셨다고 들었는데 지금은 좀 괜찮으신지요.

수현 아빠　　지금도 뭐… 저도 그렇고 와이프도 그렇고 정상은 아니에요. 사고 초기에는 잠을 못 자는 게 병이라면, 지금은 잠을 자는 게 병이에요. 우리 딸도 그렇고, 잤다 그러면 13시간, 14시간씩 자고 그래요. 〈비공개〉 우리 와이프 같은 경우에도… 그저께인가 갑작스럽게… 쓰러졌던 적이 있고. 우리 대부분의 유가족들이 같이 겪는 현상이고, 특히 우리 부모님들이 많이 가지고 있는 게 치아, 치아에 대한 부분이 심각할 정도로……. 어떤 사람은 1500만 원, 1600만 원씩 들여가지고 교정을 하고 이럴 정도로, 치아 상태[가 안 좋아요]. 그리고 어깨 근육 상태… 항상 긴장되어 있으니까, 문제가 정말 많습니다.

면담자　　빨리 진상 규명이 되어야겠네요.

수현 아빠　　진상 규명은 되는 게 아니고 하는 겁니다.

면담자　　중요한 지적이네요.

구조 과정에서의 문제

면담자   가족 모두가 건강한 것이 중요한 건데요.

수현 아빠   사고 당일 상황실에서 그 사람들 전화 통화만 가지고 엮어보면, 어쨌건 [해경] 본인들도 4월 17일까지는 "사람이 살아 있을 확률이 있었다"고 분명히 자기들끼리는 얘기를 하고 있고, 그럼 왜 안 들어갔냐? 왜 안 들어갔을 것 같습니까, 혹시? 그 사람들이 안 들어간 이유가, (물병 비스듬히 들고) 이렇게 떠 있는 상태 아니에요. 이렇게 떠 있는데, 자기들이 들어갔는데 가라앉으면 자기네들도 죽을까 봐 안 들어간 거예요. 전화 통화에 그렇게 나와 있어요. 뒤집혀서 있는데 들어갔는데, 물 빠지면서 가라앉으면… 지네도 내려가서 한꺼번에 죽을 것 같으니까. 그 논리대로라면 불난 집에 건물 안으로 들어가는 소방수는 아주 바보 소방수잖아요. 들어가면 죽을지도 모르는데 어떻게 들어가요. 실제로 걔네들 전화 통화를 보면 그런 부분이 나옵니다. "거길 어떻게 들어가느냐?"고. 아까도 말씀드렸다시피 17일까지는 살아 있었을 것이라고 생각한다는 거는 해경차장하고 해경청장하고 전화 통화에서 나온 얘기니까 그 부분은 의심할 필요도 없는 거고.

면담자   수사기록 등을 보면 화가 더 치밀어 오르실 것 같네요.

수현 아빠   황당한 거 많습니다. 상황 판단 못 한 것도 문제였고, 그 와중에서도 폼 나게 과시하려는 욕심도 있었고. 애들은 저 안에서 꼴까닥거리고 있는데, 거기서 경비국장이라는 친구는 앉아 가지고 "누가 들어가서 멋있게 했어야 하는데 못 했다"고 그러니까, 저쪽 상황실에 있는 놈은 "시켰는데도 안 했다"고 그런 식으로 얘기하고. 어떻게 보면 아주 조직 자체가…. 그니까 저는 피의자 '집단'이라고 부르는 거예요. 제가 판단하는 결과에 의한다면, 사고를 총지휘하고 뭘 해야 하는 해경청장, 서해청장, 목포서장 같은 경우에는 사실상 상황실에 앉아 있지도 않았었다[는 겁니다].

이전에도 말씀드렸지만 그 사람들이 상황실에 앉아 있었다면 절대 그렇게 전화 통화를 하지 못한다[는 거예요]. 왜? 아니, 앞에서 벌어지고 있는 상황을 화면으로 보고, 귀로 듣고… 하는데 그렇게 얼토당토 안 한 얘기를 할 수 있었겠느냐? 배가 넘어가서 위에 요만큼만 남아 있는데, 아니면 이미 다 들어가 있는데 해경차장하고 서해청장하고는 얘기하는 게, 펌프로 물 빼는 걸 얘기하고 있는 거예요. 배수펌프로 물을 꺼내서 배를 바로 세우는 걸 얘기하는 거예요. 저쪽에서는 "이미 넘어갔습니다", "침몰됐습니다", "이제는 못합니다" 이렇게 얘기하고 있는데. 그 사람이 상황실에 있었다고 얘기를 할 수 있겠냐는 거예요]. 아니라면 그 사람들은 여객선에 관한 지식이 하나도 없는 거죠. 낚싯배 정도로 생각했겠지. 언제든지 나올 수 있고, 사방이 막혀 있다고는 생각을 못 한 거지. 그런 사람들이 그 자리에 앉아 있어 가지고… 이 사건이 커진 거예요. 그래도 미흡하나마… 미흡하나마 올바로 통제하려고 한 사람은 그 당시에

본청 상황실에 있었던 상황실장 한 사람밖에 없었다…[는 겁니다] 그 사람도 한 9시 50분까지는 그나마 매뉴얼에 맞게 가려고 했었는데, 9시 50분 이후에는 사방에서 걸려오는 전화, 사람 숫자 세는 얘기… 그 얘기 때문에 전혀 [제대로 대처]하지를 못했었고. 그나마 9시 50분까지는 그 사람이 얘기하는 대로 했었으면, 적어도 이렇게까지 엉망진창이 되지는 않았을 거다…[라고 생각합니다].

이쪽에서는 끊임없이 지휘하는데, 목포서에서는 "예, 알겠습니다" 이러기만 하고. 인천에서 전화로 상황을 통제를 해주는데, 목포서에서 받았을 때는 "네, 알겠습니다. 하겠습니다" 그래 놓고는 하나도 안 하는 거예요. 그래 놓고 책임을 하나도 안 지고 123정장 한 사람만 잡았다[는 거죠]. 반드시 [관련자들 모두를] 때려잡아야 됩니다.

면담자   오늘까지 총 3번에 걸쳐 구술을 진행했는데요. 수고하셨고요. 또 어려운 얘기해 주셔서 감사합니다.

4회차

2019년 2월 11일

1
시작 인사말

면담자   본 구술증언은 4·16 사건에 대한 참여자들의 경험과 기억을 기록으로 남김으로써 이후 진상 규명 및 역사 기술에 기여하고자 합니다. 지금부터 수현 아빠 박종대 씨의 증언을 시작하겠습니다. 오늘은 2019년 2월 11일이며, 장소는 안산시 단원구에 있는 기억교실 교육장입니다. 면담자는 김익한이며, 촬영자는 강재성입니다.

2
자료수집 활동의 배경과 활동 내용

면담자   수현 아버님, 이렇게 구술에 응해주셔서 감사드립니다. 저희가 아버님 구술을 2015년도에 했어요. 3년 반 정도 시간이 지났는데요, 추가적으로 말씀을 듣는 게 필요할 거 같아서 오늘 4차 구술을 시작하게 되었습니다. 먼저, 아버님 자료수집과 관련해서 언론 등에서도 참 많이 주목을 받으셨는데, 어디서 주로 자료를 구하셨어요?

수현 아빠   일단 자료수집이 가장 원활하게 됐던 거는 제가 진상규명분과장을 2014년 9월 22일부터 2015년 초까지 하면서 그때 국회에 정진후 의원실 거기로부터 받기 시작하면서 본격적으로 모아졌구요. 그다음에 광주지법, 광주고법 거기서 진행됐던 재판기록을 중심으로 해서 대한변호사협회의 협조를 받아가지고 진행을 했습니다. 그리고 2015년 아마 4월, 5월 이때 지금 한겨레신문 정은주 기자 그분을 만나면서 '진실의 힘' 그쪽 분들하고 연관이 됐었고, 그쪽으로부터 금전적인 지원을 받아가지고 거기서 대법원까지의 자료, 다른 재판에 대한 자료 이렇게 해가지고 폭넓게 마련하는, 준비를 할 수 있는 그런 기회를 갖게 됐습니다.

면담자   그러면 정진후 의원실 통해서 받은 자료는 정부 측, 해수부라든지 굉장히 다양한 부처로부터 국회의 자료수집을 한 것을 제공받은 것이죠?

수현 아빠   그렇죠. 2014년 6월 말서부터 7월 중하순까지 해가지고 국회에서 국조특위[국정조사특별위원회]가 있었거든요. 세월호 참사 관련돼 가지고. 그 자료를 아마 야당 쪽 자료를 정진후 의원실에서 모아가지고 부처별로 정리를 했던 것으로 돼 있었고요. 그것을 일체를 받았던 걸로, 그렇게 돼 있습니다.

면담자   국정조사할 때 유가족들을 포함해서 시민들도 일부 국정조사 모니터링단인가요?

수현 아빠   그렇죠. 모니터링단이라고, 감시단이라고 있었죠.

면담자   같이 들어가서 자료 분석하는 작업을 했었는데, 아버님 역시 그 모니터링단에 들어가서 활동하신 건가요?

수현 아빠   저는 모니터링단에는 그 당시에 못 들어갔었습니다. 제가 그 직전까지 회사를 다녔었기 때문에 그 모니터링 준비하는 데는 가지 못하고, 일단 국회에서 진행되는 과정을 제가 가서 하고, 그땐 자료를 보진 못하고 제가 노트를 가지고 가서 썼던 걸로 기억이 납니다. 진행되는 과정을 앉아서 일일이 받아 적었던 걸로.

면담자   자료를 모아야겠다는 생각을 굉장히 일찍부터 하시고 활동을 하시기 시작한 것 같은데, 어떤 계기나 구체적인 목적 같은 걸 가지고 계셨습니까?

수현 아빠   저는 이 참사 당일서부터 진상 규명이 필요한 사건으로 발전할 거라고 생각을 했었거든요. 어찌 됐건 간에 사고가 발생한 당일 날, 이 단원고에서부터 진도를 향해서 달리는 과정까지는 별 의심 없이 내려갔던 것은 맞는데, 거의 진도에 도착할 무렵 됐었을 때부터 언론보도가 바뀌고, 그 밑에 내려가서 해경이 대응하는 과정이 좀 체계적이지 못했다고 보는 게 오히려 옳다라고 생각했었던 거 같은데….

어찌 됐든 간에 그날 뒤죽박죽됐었던 거 같고, 그러면서 '어쩌면 이게 진상 규명이 필요한 사건으로 발전하겠다', 그렇다라면 '나의 남은 삶이 아마도 여기에 많이 소모가 되겠구나' 하는 감을 가졌고, 이튿날서부터 박근혜 대통령이 진도체육관을 방문을 하고 지나가고 난 다음에, 그럼에도 불구하고 공무원들의 바뀌지 않는 태도를 보면서부터 '이건 보통 사건이 아니구나' [생각했죠]. 그리고 그 당시 정치적 상황으로 볼 때도 박근혜 대통령이 코너에 몰려 있었던 것도 맞고.

기억하실지는 모르겠지만 대한민국 상공에 북한 무인기가 날아다닌다고 그러던 시절이었고, 국정원 관련돼 가지고 좀 문제가 많았던 시기였기 때문에, 이건 정치적으로 연관이 됐었을 가능성도 있겠다, 그렇다라면은 결국에는 이건 진상 규명을 갈 수밖에 없지 않겠느냐, 이렇게 해서 관심을 가질 수밖에 없었던 걸로 기억을 하고 있습니다.

면담자　자료 관련해서 짧게 두 가지 정도 여쭈면, 사실은 침몰과 관련해서는 어디서 어떤 자료를 수집을 해야 할지가 애매하긴 합니다. 가장 큰 자료는 배라고 봤죠, 많은 분들이. 그런데 구조와 관련된 자료는 굉장히 다양한 곳에 있을 수 있고요. 정진후 의원실 등을 통해서 그런 자료에 어느 정도 접근은 가능하셨습니까?

수현 아빠　지금 와서 보면 그렇게 많은 자료가 있었던 건 아닙니다. 그러니까 그 당시에는 우리가 한 번도 접하지 못했던 자료, 그분들이 국회의원 신분으로서 받았었으니까 우리한테는 되게 생소하고 새로운 자료였던 게 맞지만, 국회 국조특위 할 때 각 부처에서 어찌 됐든 간에 회의 자체를 방해를 할 목적으로 하다 보니까, 밤늦게 줬던 것도 있고 하다 보니까, 회의 자체도 잘되지 않았던 걸로 기억이 나는데, 지금 와서 보면 그렇게 많은 자료를 주지 않았던 걸로……. 하지만 그게 저한테는 진상 규명으로 가는 데 첫 번째 걸음이 됐던 거는 틀림없었던 거 같습니다.

면담자   의원들이 국정조사 과정에서 자료제출 요구권을 통해 확보한 해수부나 해경의 자료를 아버님께서 처음으로 확보를 한 것인데, 그 이후에 그거 말고 정부의 관련 문서들에 접근할 수 있는 방법 같은 것도 찾으셨습니까?

수현 아빠   그것은 우리 가족들 중에서 해경이라든가 이런 데 직접 찾아가서 개인적으로 받아왔던 자료 같은 게 있었구요. 저도 그런 것을 그분들하고 교류하면서 넘겨받은 것도 있고, 저 자신도 요구해서 받았던 부분도 있고, 일정한 시간이 지나고 난 다음에는 정보공개청구, 공식적인 루트를 통해서 그쪽에서 제공해 주는 것을 받았던 걸로 그렇게 되어 있습니다.

면담자   정보공개청구는 잘 안 나오고 그러지 않습니까?

수현 아빠   예, 잘 안 나옵니다. 아마 지금까지 한 260건, 정확히 확인 안 해봤는데 그 정도 돼 있는 걸로 돼 있는데, 아무튼 뭐.

면담자   청구한 것이 260건 정도이신 거죠.

수현 아빠   예.

면담자   그중에서 받은 거는 어느 정도 되나요?

수현 아빠   절반쯤 되지 않겠습니까. 그래도 나름대로 거기서 받아가지고 유의미한 결과를 도출한 게 있으니까 나름대로 소득은 있었다고 생각합니다. 근데 하여튼 대한민국 정부가 정보공개를 하는 데는 인색했던 걸로 기억을 하고 있습니다.

면담자   비공개할 경우에는 행정심판이나 행정소송을 제기할 수 있도록 되어 있는데 거기까지 가시진 않았구요?

수현 아빠   가고 싶은 건이 몇 건 있긴 있었는데 제가 직장하고 병행을 하다 보니까 그렇게 하지 못한 부분은 있습니다. 특히 박근혜 씨와 관련된 부분은 좀 진행해 보고 싶은 생각이 있었던 건 사실입니다.

면담자   사실은 유가족들이 하신 여러 가지 활동이 있지만, 저는 세월호 관련된 정보공개청구운동이라든가 그런 것도 의미가 있을 수 있다고 생각하는데, 혹시 생각해 보신 적 있으십니까?

수현 아빠   매우 유익하죠. 그쪽에서 어쨌든 내놓지 않는다면 할 수 있는 방법은 첫 번째가 정보공개청구밖에 없고, 두 번째는 법적인 방법을 전개할 수밖에 없으니까 유가족 측에서 본다라면 할 수 있는 맨 마지막 행위라고 생각합니다.

면담자   법정자료는 기본적으로는 공개자료이긴 한데, 그거는 구체적으로 어떻게 입수를 하신 거예요?

수현 아빠   피해자 자격으로 입수를 했습니다. 원래 우리는 당사자가 아니기 때문에 유가족들한테는 공개가 되지는 않지만, 피해자들한테만은 관련된 재판은 공개를 했던 걸로 그렇게 돼 있었습니다. 그래 가지고 제가 피해자 자격으로 대법원에 직접 가서 관

수현 아빠 박종대

련된 자료를 신청해서 복사해서 가져왔던 걸로 돼 있습니다.

면담자　　　총량으로 보면 공문서 자료보다는 재판 관련 자료들이 훨씬 더 많다고 봐도 될까요?

수현 아빠　　예, 그렇게 보는 게 맞습니다.

면담자　　　재판 관련 자료라고 함은 주로 어떤 것들입니까?

수현 아빠　　여기서 갑자기 생각은 안 나는데, 일단 세월호 관련해서 재판으로 진행된 게 되게 많았거든요. 선원, 선사, 해경, 관련된 부분, 그다음에 선급 그렇게 해가지고 되게 많았던 걸로 기억이 납니다.

면담자　　　공문서류와 법원자료들을 수집하신 건데, '이 자료들을 뭔가 읽고 종합하고 하면, 진상 규명의 전부는 아니더라도 우리가 꼭 알고 싶어 하는 어떤 부분에 도달할 수 있다', 이렇게 처음부터 보신 건가요?

수현 아빠　　예. 어쨌든 간에 꼬리는 밟히게 마련이고 파고 들어가면 될 거라고 생각하고, 어쨌든 간에 그 사람들은 자기들이 빠져나갈 구멍을 만들고 나서 만들었던 서류지만 그것을 계속해서 논리적으로 연결시키면, 어느 수준에 도달하면 연결될 수 있는 부분이 있다고 생각하고, 실제로 그런 부분을 찾아낸 것도 사실입니다.

면담자　　　제가 얘기를 듣고 보니까, 지금 아버님이 하신 일이 '수사'와 같다는 생각이 들어요. 수사권을 갖고 있지 않은 유가족이 마치 수사를 하듯이 자료를 긁어모으고 분석한 것 아닙니까? 수사는 수사관이나 검사가 하는 건데….

수현 아빠　　그렇죠. 어떻게 보면, 국민들의 손에, 특히 피해자 가족의 손에 두꺼운 서류뭉치를 쥐여주는 나라는 사실 정상적인 나라가 아니죠, 나쁜 나라죠. 그렇지만 국민의 세금으로 정상적으로 운영돼야 할 이 국가가 자신들이 해야 될 일을 하지 않는다라면, 결국에는 피해자는 원통한 입장에서 그걸 밝혀야 되니까 할 수밖에 없었다고 저는 생각하고. 다른 분들은 단식, 또는 도보 그런 데 가서 투쟁 이런 걸 할 때, 저는 그것을 해야 된다고 생각을 했고. 그게 나한테 주어진 달란트[능력]라고 생각을 하고 나서 거리낌 없이 받아들였던 것 같습니다.

면담자　　아까, 당시 ≪한겨레21≫ 정 기자 이야기도 잠깐 하셨는데, 아버님의 그런 자료수집 활동, 자료분석 활동에 지지를 보내면서 같이 힘을 합쳤던 분들이 어떤 분들이 계세요?

수현 아빠　　정은주 기자님이 해서 진실의 힘을 소개시켜 주셨고, 거기에 고문 변호사로 계시는 조용환 변호사님하고, 과거 노무현 정권 때 헌법재판관으로 추천되었다가 낙마하셨던 그분이 해서 새로 이 진실을 파기 위해 가지고 팀을 꾸렸던 걸로 알고 있습니다. 그래서 박수빈 변호사라고 신임 변호사 한 분하고, 일반 대학원 마치신 분 두세 명 이렇게 해서 정은주 기자까지 팀을 꾸려서 진실의 힘에서 그분들에게 월급을 제공하면서 그래서 몇 달 동안 거의 1년 가까이 연구를 진행했던 걸로 그렇게 되어 있습니다.

면담자   연구과정이 아버님께는 도움이 많이 됐나요?

수현 아빠   많이 됐죠. 어쨌든 간에 저 자신이 그렇게 전문적인 연구능력이 없는 상태에서 그분들하고 같이, 같은 팀은 아니었지만 제가 외부에서 그 사람들하고 의사소통을 할 수 있었던 부분이 있었고, 제가 보면서 의문이 나는 사항이 있으면 그 사람들하고 같이 토론하고 그분들도 저한테 그런 부분이 있으면 토론하고, 그러다 보니까 기록을 읽는 기법, 연구하는 방법 이런 부분에 대해서 많이 배웠던 걸로 기억을 합니다.

3
자료수집 활동에 함께한 사람들

면담자   진실의 힘 말씀을 하셔서 그에 대해 질문하겠습니다. 혼자 자료를 분석하는 거보다는 유가족을 포함해서 시민들을 포함해서 여럿이 같이 보는 게 좋겠다, 이런 생각을 하셨던 거 같은데, 그렇게 해서 모인 팀들, 현재까지 유지되고 있는 사람들도 좀 소개를 해주시면 감사하겠습니다.

수현 아빠   제가 진상규명분과장을 그만두고 나서 정은주 기자님을 만나가지고 그 부분을 하면서 어쨌든 간에 시민들과 같이 진상 규명을 하는 게 좋겠다 그래 가지고 서울에서, 정확한 날짜는 기억은 안 나는데, 아마 한 2015년 4, 5월 이때였던 거 같습니다. 그때 시민들을 좀 모아서 '304목요포럼'이라고 목요일에 하기 때문에 목요포럼이라고 해서 그걸 만들었었고요. 지금까지 그 모임은 많은 사람들이 참여는 못 하지만 유지되고 있습니다. 현재는 목요포럼이지만 토요일 날 모여서 매주 토론을 하고, 연구하고, 그렇게 하고 있습니다. '세월호시민연구소'라고 제가 주도하는 건 아니고 다른 시민께서 하시는데, 제가 거기도 개입되어 가지고 같이 매주 일요일 날 연구하고 토론하고 하는 그런 모임을 가지고 있습니다.

면담자　　거기에서는 아버님이 갖고 계신 자료 이외에도 자료들을 많이 찾아와서 교환도 하고 그렇게 하십니까?

수현 아빠　　자료는 거의 제가 [수집]했던 자료를 가지고 활용을 하고 있고요. 현재도 제가 비공식적인 라인, 밝히기는 좀 뭐 하지만, 그쪽에서 받는 부분이 있으니까, 그 부분을 가지고 토론에 활용을 하고 그렇습니다. 새로운 가설과 시나리오를 연구하고 있습니다.

면담자　　유가족들 중에서도 참여하시는 분이 계세요?

수현 아빠　　예, 몇 분은 있는데 현재 건강 상태가 좋지 않으셔가지고 잠시 휴면기를 가지신 분들이 몇 분 있으십니다. 참여는 하고 계십니다.

면담자　　누군지 말씀하실 수는 없어요?

수현 아빠   대표적인 분이 성호 어머니라고 그분이 오시고, 생존자 A 씨….

면담자   박성호 어머니요?

수현 아빠   예, 박성호 어머니 그분이 참여하시고. 과거에는 수인이 아빠, 장훈 분과장님 동생 장윤희 씨 해가지고 많은 분들이 오셨던 때도 있었는데, 그분들한테 제가 너무 과도한 짐을 지워드렸더니 되게 부담스러워하시고, 결국에는 트라우마 때문에 그만두시는 경향이 있었고요. 현재 몇 명은 개입이 되어 있습니다.

면담자   현재 시민들 중에서도 전공과 상관없이 진상 규명과 관련된 예리한 분석 능력을 보여주고 계신 분들이 있지 않습니까? 그런 분들도 조금 소개해 주시면 어떨까요?

수현 아빠   우리 304포럼 원년 멤버라고 말씀드릴 수 있는 공××선생님이라고 그분, [또] 지금은 잠시 참여를 보류하고 계신 고××선생님이라고 산부인과 의사하는 선생님이 계시거든요. 그분[들] 같은 경우에는 아마도 대한민국에서도 손가락 안에 들어갈 정도의 내공을 가지신 분들이라고 저는 자부를 하고 있습니다. 특히 공×× 선생님 같은 경우에는 언딘이라든가 청해진이라든가 이런 쪽에 아주 많은 자료를 읽으셔가지고, 독보적인 그런 부분을[자료 분석 능력을] 자랑하고 계신 분이라고 저는 생각하고 있습니다.

면담자   공 선생님은 뭐 하시는 분이세요?

수현 아빠   〈비공개〉

면담자   왜 여쭙냐면, 사실은 시간이 없으실 거거든요. 그런
데 어느 학자도 잘 하지 못할 수준의 작업을 하고 계셔서요.

수현 아빠   예. 아주 많이 알고 계시고 한번 읽으시면 어떤 것의
문제점을 잡아내시는 능력이 탁월하셨던 걸로, 그렇게 [제게 기억
이] 되어 있고 자료정리도 아주 깔끔하게 잘하시고.

면담자   고×× 씨나 공×× 씨는 도대체 왜 그런 활동들을
한다고 생각하십니까?

수현 아빠   글쎄요(웃음).

면담자   한 사람은 직업적으로 시간 내기도 만만치 않은 사
람이고 또 한 사람은 산부인과 의사. 세월호의 침몰과 구조하지 않
음을 증명하는 그런 작업과는 상관없는 분들 같거든요.

수현 아빠   어찌 됐든 간에 처음에 우리 304목요포럼에 첫 발을
디디실 때는 진실이 밝혀지지 않는 것에 대한 답답함을 토로하시
면서, 뭔가를 해야겠다고 생각하시고 들어온 건 틀림이 없는 거 같
고요. 진행하는 과정에서 대한민국, 특히 공무원 사회의 새로운 면
을 많이 보셨던 거 같습니다. 생각지도 못했던 비상식적인 행위가
기록에서 발견되고 그러면서부터 더 많이 몰입하셨던 걸로 그렇게
기억을 하고 있습니다.

수현 아빠 박종대

4
3기 특별조사위원회에 대한 전망

면담자　　네, 감사합니다. 지금 특조위 활동이 시작이 됐습니다만, 3기 특조위라 부르는 사람도 있고 2기 특조위라고 부르는 사람도 있는데, 3기라 함은 선체조사위를 포함하는 거죠? 3기 특조위는 좀 해내리라고 기대하십니까?

수현 아빠　　솔직히 말씀드리면 비관적입니다. 뭔가를 하나 찾아내 주기를 바라는 것은 틀림없지만, 수사권이 없는 특조위고 1기 특조위와 달리 워낙 인원이, 규모가 작기 때문에 할 수 있는 것에 한계가 있다고 저는 생각을 하거든요. 1기 때는 120명의 인원을 가지고 했는데, 지금 같은 경우에는 세월호 관련돼서 할 수 있는 사람들이 30여 명 안쪽으로 잡혀 있고, 거기서도 조사할 분야를 나눠서 하다 보니까 실제로는 성과를 기대하기가 쉽지는 않을 것으로 저는 판단하고 있습니다. 다만, 특히 문을 열고 들어갈 수 있는 해경 분야, 이 분야만이라도 밝혀졌으면 하는 바람은 좀 가지고 있긴 하지만 쉽지는 않을 것이다, 이렇게 나름대로 판단을 하고 있습니다.

면담자　　그렇다면 관건은 적은 인원수라도 감각과 통찰을 갖고 있는 분들이 얼마나 들어가느냐의 문제하고, 수사권은 없으나 정부 내부에서의 문서 협조를 충분히 활용해서 자료를 확보하는 문제, 이 두 가지를 실제로 해내느냐 해내지 못하느냐에 따라서 전망이 달라질 것 같은데요. 그 두 가지 측면에 대한 전망은 어떠세요?

수현 아빠　　그렇죠. 어쨌든 간에 세월호 유가족과 관련돼 가지고 적대적인 정부는 아니니까, 과거 정부보다 자료 자체야 제공을 잘할 수 있겠죠. [자료 제공은 상대적으로 잘할 수] 있는데, 문제는 그것을 분석하고 해가지고 그걸 조사와 연결을 시켜야 되는데 그러기에는 너무 사람에 대한, 인력이 모자란다는 부분을 말씀드릴 수밖에 없을 거 같습니다.

왜냐하면 저 같은 경우에는 2015년부터 봐가지고 와서, 물론 거기 계신 분들이 저보다 뛰어나시겠지만, 지금 이 정도 상황과 문제점 파악을 하고 있는데, 그분들이 아무것도 준비되지 않은 상태에서 지금서부터 시작을 해가지고, 2년 안에 그 부분을 다 파악하고 조사까지 연결해서 결과까지 도출한다는 것은 결코 쉽지는 않을 겁니다. 양이 너무 많기 때문에, 조사해야 할 양이 너무 많고, 대상자도 너무 많고 범위도 너무 넓고 하니까, 실제로 쉬운 부분은 아닐 거라고 생각합니다. 여전히 국정원이라든가 청와대와 관련된 부분, 특히 요즘에 와서 기무사도 새롭게 밝혀졌습니다. 하여튼 이런 부분은 자료공개와 관련된 벽이 아직도 여전히 높기 때문에 그 부분은 풀고 가기가 쉽지 않을 거 같습니다.

5
세월호와 국정원 사이의 관련성

면담자　　진상 규명 과제 중에서 굵직굵직한 거 몇 가지만 여쭙고 넘어가겠습니다. 현재 어떤 자료가 이용 가능하고, 어떤 자료가 앞으로 확보되어야 하는지에 대해서 말씀을 해주시면 좋겠습니다. 우선, "세월호는 국정원의 배인가?" 이 질문은 어떻게 보세요?

수현 아빠   글쎄요. "국정원의 배인가"라기보다는 저는 개인적으로 '국정원의 배보다는 청해진이 국정원의 회사일 가능성이 오히려 높다'라고 생각을 하고 있습니다. 그러니까 대한민국 국정원의, 속된 말로 얘기하면, 나쁜 말로 '가오가 있지', 그렇게 배 한 척 사가지고 나쁜 짓을 하리라고 생각을 하지 않습니다. 그렇지만 세모라는 회사에서 청해진이라는 회사로 넘어갈 때, 그 망한 회사를 인수하는 데는 그렇게 많은 비용이 들어가지 않았을 것이고, 그렇다고 보면 그 과정이 오히려 더 의심스럽다고 생각하고. 그게 청해진이 아마 양우공제회[국정원직원상조회]라고 우리가 흔히 말하는 그 회사에 관련이 되어 있다면, 세월호 같은 회사가 국정원하고 연관되는 거는 그렇게 의심할 필요가 없을 거라고 저는 생각하고 있습니다.

정황적으로 볼 때 대한민국 산업은행이라는 국책은행이 일개 매출 몇백억도 제대로 못 하는 회사한테다가 돈을 꿔주면서, 허술하게 회사의 재무 상태라든가 그런 부분을 평가한다든가, 그러면서 거대한 금액을 꿔준다라든가 그런 거는 쉬운 부분이 아니고.

〈비공개〉 국정원 사무실이 청해진 선사 근처에 있으면서 수시로 같이 점심도 먹고 접대도 하고 이런 것은 이미 많이 드러나 있는 사실이고요. 〈비공개〉

면담자　　　나중에 '선원들 수사와 관련해서 국정원으로 추정되는 자들의 심문을 받았다' 이런 설도 있지 않았습니까?

수현 아빠　　　예, 그런 게 있죠. 1등기관사 손지태 같은 경우에는 사고 당일 날 자면서 잠자기 전에 와이프한테 카톡 보낸 데서 일단 국정원을 논했던 부분과 "오늘 또 국정원 취조받으러 가요"라는 것을 보냈던 부분이 있고. 실제로 그 친구들이 특조위 와가지고 조사를 받는 데서 국정원을 언급한 내용이 많이 나옵니다.

면담자　　　결국은 세월호 참사에 대한 사회·정치 관계적인 측면 대해서 생각해 볼 수밖에 없다는 말씀이군요.

수현 아빠　　　그렇죠. 아까 박근혜의 정치적 이익을 말씀드렸던 것과 연관이 있는 것 같은데요. 일단 그 당시 박근혜 대통령 앞에 놓여져 있는 과제를 본다라면 불법 대선 댓글과 관련된 부분, 개표 부정과 관련된 부분이 대법원 쪽에서도 올라가서 국민들로부터 많이 지탄을 받고 있었던 부분이 있었고, 그다음에 정치적으로는 당장 6월 4일 날 지방선거가 앞에 있었고, 그다음에 줄줄이 국회의원 보궐선거가 연결이 돼 있었던 걸로 돼 있습니다. 그렇다는 건 그 당시에 세월호 침몰 이전의 분위기로 봐가지고는 적어도 수도권, 경기도지사, 서울특별시장, 인천광역시장 세 곳은 여당에서 도저히 승리할 수 없는 것처럼 그런 분위기로 연결됐었던 건 틀림없었고, 거기서 한 곳 지고 두 곳을 이겼으니까 그렇게 따지면 '그거[지방선거]하고 무관하다고 생각은[을] 안 할 수는 없다'고 저는 생각

하고 있습니다. 그리고 이후에 치러진 보궐선거에서도 줄줄이 다 이겼지, 지지는 않았거든요. 〈비공개〉

6
세월호 참사에 대한 박근혜 정부의 자료

면담자　　그다음에는 언론 등에도 많이 나오고 문제 제기가 됐던 것이 박근혜와 청와대의 세월호 참사와의 관련성에 대한 것이죠. 그거는 자료가 조금 확보가 됐습니까?

수현 아빠　　그게 가장 어려운 문젠데 현재로서는 그 자료가 확보가 좀 안 돼 있습니다.

면담자　　청와대에도 정보공개청구를 했음에도 불구하고 자료가 안 나왔던 겁니까?

수현 아빠　　에, 몇 건 했는데 나오지는 않았습니다. 그건 제가 어제, 그러니까 그저께죠. 그저께 2기 특조위에 갔었는데 그 자료는 아직 2기 특조위에서도 확보를 못한 걸로 되어 있더라구요. 고민스럽죠, 어찌 됐든 간에 그 서류가 열리지 않으면 진실을 알 수가 없는데.

면담자　　만약에 수사를 한다면 어떤 자료에 접근을 해보면 유의미할까요?

수현 아빠　　　청와대가요? 글쎄요. 지금으로 봐서는 가장 문제는 해경이나 이런 데서 끊임없이 청와대에다 보고는 한 걸로 파악이 되고 있는 거 같은데, 거꾸로 청와대에서 밑으로 지시를 하거나 하달을 하거나 한 자료가 아무것도 없거든요. 결국에는 그것을 찾아내느냐 못 찾아내느냐 하는 부분인데, 아마도 작년에 부속실과 민정수석실에서 서류가 발견이 돼가지고 거기에 일부가 섞여 있었을 거 같은 생각은 드는데, 그게 바로 국가기록원으로 갔기 때문에 현재는 열어보지를 못하고, 검찰은 가지고 있는지 모르겠습니다만, 어쩌면 거기[국가기록원 대통령지정기록물]에는 [청와대 지시 사항이] 들어 있을 것도 같습니다. 그런데 제가 지난 주 토요일 날 특조위에 가서 확인한 바로는, 아직까지 거기서도 확보를 하지 못한 것도 있고, 그게 양도 꽤 되기 때문에 만만하게 가져올 수 있는 서류도 아닌 거 같고.

면담자　　　현재 말씀하시는 거는 대통령 퇴임 후에 대통령기록관으로 이관된 대통령 기록에 해당할 텐데, 지금 정보공개청구를 통해서 볼 수 없는 것은 소위 지정기록이라는 것으로 묶여 있다는 걸 의미하고, 그렇다면 영장을 발부하여 검찰에서 수사하는 것은 불가능한 상태입니까?

수현 아빠　　　현재로서는 불가능한 걸로 알고 있습니다. 정권이 바뀌고 MBC에 새바람이 들면서 새로운 어떤 그거[쇄신]를 하기 위해서 프로가 개편되고 했을 때 '스트레이트'라는 프로, 그때 첫 번째 초기에 했던 게 세월호 관련된 걸 했었는데 그때 검찰이 밝힌 입장은 제가 알기로는, "새로운 증거가 나타나지 않는 한 재수사는 없다"라고 검찰이 얘기를 했었기 때문에, 어쨌든 간에 검찰이 재수사를 한다는 건, 자기가 자기부정을 하는 것이기 때문에 쉽지는 않을 거라고 생각을 합니다. 그렇다라면 어떤, 대통령이라든가 이런 분이 특별한 지시, 아니면 특별한 조사기구 이런 것을 하는 수밖에 없는데, 검찰 자체적으로는 안 될 거 같구요.

심지어는 새로운 정부가 들어서는 시점에 제가 박근혜 외 18명을 고발을 했는데 고발인조사까지만 끝나고 나서 지금도 계속해서 그게 더 이상 나가지 않고 계류 중이거든요. 서울중앙지검에 있다가 광주지검으로 보냈다가 다시 서울중앙지검으로 올라와서 검사를 또 바꾸고, 그러면서 지금까지 가가지고 아직까지도 더 이상 진전을 시키지 않는 걸로 봐서는 검찰을 믿을 수 없는 거 같고. 특히 그때 수사검사로 있던 윤대진 검사라고 그분이 지금 법무부에서 되게 요직[검찰국장]을 맡고 있는 거 [보면], 갑작스럽게 직책은 기억이 안 나는데, 검찰을 좌지우지할 수 있는 그런 위치에 와 있는 사람인데 그분이 거기서 붙잡고 있는 한 재수사라든가 그런 부분은 아마 기대하기가 힘들 거 같습니다.

거꾸로 그걸 기대하게 하려면 저 같은 사람이 열심히 연구해 가지고 검찰이 빠져나올 수 없는 증거 찾아 가서 재수사를 할 수 있도록 만들어주는 수밖에 없을 거 같습니다. 제가 볼 때는 그 수밖에 없는 걸로 [보입니다].

면담자   현재 청와대를 수사할 수 있는 방법은 지금 말씀하신 대로 '주목할 만한 증거자료가 새롭게 발견이 돼서 검찰에서 수사가 가능한 상황이 되지 않는 한 어려울 것이다' 이렇게 보시는 건가요?

수현 아빠   그게 현실인 걸로 저는 판단하고 있습니다. 제가 작년에 304목요포럼을 새로 이쪽으로, 원래 서울에서 했었는데 이 안산으로 옮기면서 했던 목표가 사실 그거였었습니다. 2기 특조위가 잘될 가능성이 없다, 왜 그러냐면 2기 특조위 법안이 발의가 될 때에는 사실상 그게 최선의 길이었음에는 틀림없는 거였죠. 1기 특조위가 강제종료가 되고 그다음에 특별한 조사를 할 수 있는 근거가 없으니까 새로운 법을 만들어서 가야 되고, 그 상황에서 세월호만 가지고 논의한다고 한다면, 하물며 민주당 의원들까지도 덤벼들지 않으니까 가습기[참사]를 등에 업고 가야 되는 수밖에 없었으니까 [당시로는 최선이었죠]. 그 당시에는 그게 정답이었지만 패스트트랙이 진행되는 과정에 박근혜 탄핵이 있었고, 그랬다라면 그 법안 자체도 좀 바뀌어가지고 공격적이고 강력한 특별법이 되든지, 아니면 새로운 정부와, 어쨌든 간에 촛불 맨 앞에 세월호가 섰던 건 맞으니까, 그것을 위해서라도 대통령이 어떤 특별 지시 그런 부분이 있었으면 하는 부분이 있었는데, 그 부분이 좀 빠져 있는 상태에서 2기 특조위가 왜소하게 출발했었으니까 [아쉬움과 한계가 많죠].

한계를 알고 우리는 그 부분에 대해서 좀 공부를 해가지고, 2기 특조위가 끝날 무렵에도 되지 않는다면, 우리가 대규모 고발전을 전개해 보자, 고발단 한번 마련해 보자 하는 의미에서 우리 304목요포럼 모임을 재편했었던 것인데…. 실제로는 거기 참여했던 분들이 과거에, 저를 포함해서 그런 데 대한 경험과 살아온 인생이 그런 삶을 살지 않았으니까 기본적으로 어려움이 있었고, 그런 과도한 짐을 지고 가다 보니까 못 했던 부분도 있고 하다 보니까 성과를 못 내고 있는데…. 현시점에서는 어떤 누군가가 검찰이 빠져나갈 수 없는 증거를 만들어서 그들의 손에 들려주지 않는 한 '검찰 스스로 재수사할 가능성은 전혀 없다'라고 저는 보고 있습니다.

7
세월호 선체 인양으로 알게 된 사실

면담자   침몰 원인과 관련해서는 여러 가지 논의를 할 수 있습니다만 세월호가 인양이 돼서 직립이 된 상태에서 침몰의 원인과 관련되어 알게 된 부분이 있다면 뭐라고 생각하십니까?

수현 아빠   글쎄요. 저는 어쨌든 간에 선체조사위에서 내렸던 그거[결과]는 '열린 안'과 기존의 검찰수사와 관련된 '내인설'하고 양립하고 있는 부분이거든요. 그거 가지고 판단하면 그분들도 결론을 못 내렸으니까 저 자신도 결론을 못 내린 건 맞고. 근데 현재 상태에서는 '둘 다 정답에 접근했다'라고는 저는 보지 않습니다.

8

세월호 침몰과 관련된 선원과 다른 사람들

〈비공개〉

면담자   그러면 청해진해운에서 세월호로 전화를 한 사람에 대한 수사가 대단히 중요하겠네요.

수현 아빠   그렇죠. 그런데 수사과정에서 진술서에서 그게 없었던 건 아닙니다. 그런데 빠져나갔죠. 뭐라고 빠져나갔냐면 [선원 측이 청해진해운과 통화를] "하긴 한 거 같은데 내용은 기억나지 않는다"[고 했고요]. 그리고 검사도 두 번 다시 묻지 않았다[는 겁니다](헛웃음). 이게 대한민국 검찰이 했던 수사결과의 전부죠. 실제로 조준기[사고 당시 세월호 조타수]의 진술서를 보면 1등항해사 강원식이 선사와 3분 이상 전화를 몇 차례 했고, 그러고 나서 그것을 받고 난 다음에 둘라에이스호 선장 문예식이 빨리 뛰어내리라고 얘기했을 때 "뛰어내려야 할까 말까를 선원들끼리 회의를 했고, 그 결과 '가만히 있자'라고 얘기를 했다"라고 한 것으로 봐가지고는 선사로부터 오더[명령]를 받았던 거는 맞을 것이다[라고 생각합니다].

그런데 검찰이 안 밝힌 건지 밝히지 못한 것인지는 모르겠지만 그 부분에 대해서는 밝히지 않고 수사가 거기서 종결됐다[는 거죠]. 그래 가지고 진실이 밝혀지려면 그 부분은 다시 밝혀져야죠. '조사가 되고 수사가 돼서 밝혀져야만 한다', 저는 그렇게 생각하고 있습니다.

<비공개>

9
구조가 이루어지지 않은 이유와 구조의 책임자

면담자   결국은 '단 한 명도 구조해 내지 않은 해경과 해수부를 도대체 어떻게 설명할 수 있는가'에 답할 필요가 있을 텐데, 만약에 세월호에서 단 한 명도 구조하지 않은 이유를 하나만 든다면 무엇으로 드실 거 같습니까?

수현 아빠   해경이 구조하지 않은 이유를 말씀하시는 겁니까? 글쎄요(한숨).

면담자   예를 들어서, 서해청장의 지휘방기 또는 목포서장의 지휘방기, 또는 123정장이 죄를 받았는데, 세월호와 가장 근접거리에 있었던 123정의 대응미비 기타 등등, 여태까지는 우리가 그런 걸 다 복합적으로 봤거든요.

수현 아빠   복합적으로 봤는데, 저는 오히려 최근에 와서 생각할 때는 123정장 김경일도 어떻게 보면 3년형이라는 것을 만기출소를 했었으니까 일정한 부분은 그분도 피해자입니다, 따지고 보면은. 자기의 죄의 죄질에 비해서 과다한 짐을 싣고 갔던 사람이라고 저는 생각하거든요. 그 양반이 사실 죄가 있다면 거짓말 한 죄… 처음에 구조를 잘한 것처럼 얘기하고 그것을 거꾸로 맞추다 보니까 함정일지를 찢고 새로 가서 찍어서 넣고, 허위 인터뷰하고 이런 것에 대해서는 그렇게 돼 있지만, 구조시스템으로만 놓고 본다라면 그 양반을 그렇게 3년형을 살 정도의 잘못을 했다고 저는, 다른 사람들은 어떻게 생각할지 모르겠지만, 저는 그렇게 생각하지 않습니다.

왜냐하면 그날 구조라는 거는 123정장 김경일이 혼자서 단독으로 할 수 있는 작전이 아니었고, 해경본청청장 김석균서부터 시작해서 말단 해경까지 해야 하는 합동작전이었고, 특히 서해청과 목포서는 가장 인접한 기관으로서 그 상황을 파악해 가지고 공조 작업을 해줬어야 하는데, 근본적인 원인은 목포[해경]서장 김문홍과 서해청장 김수현과 그 밑에 딸려 있던 예하 간부급 사원, 이런 사람들이 자기의 직책을 하지를 않았기 때문에 그랬던 사안이거든요. 특히 서해청 같은 경우에는 그날 상황을 지휘하기에 좋은 여건에 처해 있었음에도 불구하고 안 했거든요. '그 사람들의 진술이 맞다'라면 그건 정말 어마어마한 잘못을 한 겁니다, 서해청 같은 경우는.

특히 [사고가 발생한 9시 전후] 거기서 한 40미터 거리에는 서해청장을 비롯해서 간부급 사원들이 모두 모여서 회의를 하고 있었던 중이었기 때문에, 그 사람들이 바로 상황실로 가서 이동해서 상황을 지휘했다라면 헬기도 즉시 지원을, 지휘를 할 수 있었고, 특공대도 즉시 지휘를 할 수 있었고, 그다음 함정도 그렇게 돼 있었었고. 〈비공개〉

면담자　　　피해자 가족들이 급박한 상황에서 다양한 지혜들을 모아내고 있었는데, 결국 해경이 우왕좌왕하느라 그 지혜를 반영하지 못했단 말이지요. 이러한 상황 전체가 구조를 지연시키는 측면이 있지 않았나 이런 생각이 드는데 어떠세요, 소통의 문제?

수현 아빠　저는 기본적으로 구조의 원칙을 해경이 지키지 않았다고 생각하고, 않았기 때문이라고 생각하거든요. 해경이라는 조직은 그 당시에 이미 수색구조 매뉴얼을 가지고 있었고, 그것에 의해서 구조가 진행됐었어야 된다고 저는 생각을 하고 있습니다. 그 매뉴얼에 의한다면 해경이 [배가] 침몰된 이후에 가장 먼저 해야 할 일은 실제로 선내에 생존자가 살아 있는지 없는지, 에어포켓이 있는지 없는지를 확인하는 게 가장 중요한 일이었다고 생각하고, 가장 먼저 했어야 되는 일이었다고 생각하거든요.

그런데 영상을 보신 분들은 알고 있겠지만, 그 사람들 선내에 들어가서 그걸 하려고 노력하지 않고, 결국에는 도끼 들고 배 밑바닥 두드린 게 전부였고, 부모들한테는 자기네들 나름대로 희망고문이라고 얘기하지만 '에어포켓이 있다, 없다' 가지고 확인할 생각은 하지 않고 논란만 일으키고, 그렇게 됐었던 것이고. 그다음에 민간인 잠수사 투입이라든가, 아까 교수님 말씀하셨던 사후 조치 그런 부분을 방기한 게 된 거죠. 처음서부터 한다면 첫 번째 단추부터 해경이 잘못 끼웠다고 저는 생각합니다.

〈비공개〉

10

초기 수습 방식의 의문

면담자   구원파 등과 관련해서 이게 도대체 뭔지 일반적으로 잘 알기가 어렵게 되어 있는데, 그거에 대해서는 어떻게 보십니까?

수현 아빠   세월호 내에서도 선원 중에서 구원파가 있었던 건 맞습니다. 양대홍, 강해성하고 또 몇 명 있었던 걸로, 갑작스럽게 얘기하니까 기억은 나지 않는데, 사주가 구원파의 총수니까 당연히 있었겠죠. 구원파가 개입돼 가지고 논란을 일으켰던 거는 박근혜 정부가 이목을 그리로 넘기기 위한 술책이었다고 생각합니다. 실제로 구조는 구조고 그거는 그거고 한 거지, 마치 그 당시에 5월, 6월 보면 유병언만 잡으면 모든 게 해결되는 것처럼, 사실 우리 부모님들도 거기에 많이 동조를 했던 분들이 계셨는데, 실제로 그게 선사하고 회계 부정이라든가 그 부분하고 연결됐다고 하더라도 회계 부정과 관련된 부분은 별개의 형사책임이지 세월호 침몰 원인과 구조방기와 그걸 연계시키는 거는 바람직하지 않다고 저는 생각합니다.

면담자   그래서 구원파 쪽에서 입장을 내놓기도 하고.

수현 아빠   네, 많이 내놨었죠.

면담자   유가족들은 구원파의 입장에 대해서는 조사를 한다든지, 구원파 쪽의 사람을 만나본다든지 그런 건 없습니까?

수현 아빠   저는 못 했고, 제가 아시는 분은 그쪽하고 관계를 가졌던 사람은 있는 거를 알고 있습니다. 저는 하지를 못했고요.

〈비공개〉

면담자   초기에 많은 사람들이 의문을 갖고 있었는데, 크레인이 왔었잖아요. 그것에 대한 의혹은 없습니까? 상식적으로 크레인이 왔으면 배가 다 가라앉기 전에 부력이 충분한 상태니까 가라앉은 배를 크레인을 통해서 올려서 잡아놓을 수 있는 방법은 전혀 없었던 건지에 대한 의문이에요.

수현 아빠   그렇죠. 우리 가족들 중에서도 그것을 제안을 했었던 사람이 있었습니다. 바우스러스트 있는 부분에다가 와이어로프를 매가지고…….

면담자   어느 부분에다가요?

수현 아빠   바우스러스트라고 앞에 배 앞에 방향을 조종하기 위해서 모터를 달아놓은 부분, 사진을 보면 움푹 들어간 부분이 있습니다, 선수 쪽에. 그쪽에다가 로프를 매자라고 얘기했던 사람이 있습니다, 해경이 있는 자리에서 공식적으로 진도체육관에서. 그런데 저는 지금 와서 생각해 보면 '크레인이 왜 왔냐'라고 의문이 가요. 애초에 그 크레인은 진도체육관에서 얘기할 때는 그게 오지 않아서 구조를 못 한다고 얘기했거든. 그런데 와가지고 걔네들은 그쪽에서 서 있다가 그냥 돌아갔던 것이고. 그렇다고 하면 그 부분도 따지고 보면 진상 규명이 되어야 될 하나의 부분이고, 2기 특조위에서도 가족들이 진상규명조사신청서를 냈던 걸로 돼 있는데, 실제로 그건 밝혀진 바는 없었던 걸로 저는 기억하고 있습니다.

〈비공개〉

11
진상 규명과 관련된 핵심 과제

면담자   그 외에 진상 규명과 관련된 핵심적인 과제는 또 뭐라고 생각하십니까?

수현 아빠   저는, 글쎄요. 침몰 전과 침몰 후 나눠서, 침몰 후에는 그렇게 중요시 여기지는 않습니다. 물론 인양과 관련돼 가지고는, 인양업체 선정과 관련된 부분과 인양 과정에서 유가족을 아주 철저히 배제하고 정보를 공개하지 않고 떼어내고 하는 부분, 이런 부분은 감사라든가 사후에 할 수 있는 부분인데, 실제로 침몰 전, 침몰 원인과 관련되지 않은 참사의 원인 이 부분, 해경과 청와대와 연결되는 부분, 이런 부분은 아직까진 풀지 못한 숙제라고 생각합니다. 실제로 보면 그날 해경이 주체가 돼가지고 언론이 뒤에서 서포트해 가지고 참사가 진행됐던 걸로 돼 있거든요. 우리는 언론이 전원 구조 오보만, 오보라고 생각하고 있었는데 나중에 제가 그날 MBC와 KBS 영상을 모니터링해 본 결과에 의하면, 해경이 잘못된 정보를 흘리고 언론은 철저히 생중계를 하지 않았었나···. 어마어마한 잘 짜여진 오보가 진행된 걸로 돼 있었거든요. 그러면 그런 서로 간의 연결고리가 돼 있는 세트로서 밝혀야 되는, 해경만 밝힐 것이 아니고, 해경, 언론, 청와대, 아니면 다른 기관 그거를 해가지고 연결고리를 엮어서 밝히는 것이 중요하다고 저는 생각을 합니다.

〈비공개〉

12
새로운 정부와 진상 규명

면담자　　　촛불이 일어나고 박근혜를 끌어내릴 수 있다는 생각이 들었을 시점에 아버님의 심경이랄까, 그런 걸 듣고 싶어요. 박근혜한테 막혀서 아무것도 하지 못하던 상황이었는데, 이제 '박근혜를 끌어내릴 수 있다' 이런 생각을 언제 하셨습니까?

수현 아빠　　　아마도 JTBC에서 최순실의 뭐라 그러나요? 컴퓨터, 갑작스레 생각이 안 나네.

면담자　　　태블릿 PC요.

수현 아빠　　　예, 태블릿 PC 그게 발견되면서 갑작스레 확산이 될 때 '이게 뭔가 분위기가 좀 바뀔 수도 있겠다' 그런 생각을 그때 했죠. 그리고 국회에서, 그때도 국조[박근혜-최순실 게이트 국정조사] 뒤였나요? 그거 할 때도 좀 많이, '어쩌면 분위기가 바뀔 수도 있겠다' [생각했죠]. 우리가, 부모님들이, [다 밝혀지려면] 20년, 30년 [걸리겠다고] 말을 했는데 그 시기가 앞당겨질 수도 있겠다는 생각을 그때서부터 하긴 했었던 거 같습니다. 촛불이 100만이 넘으면서 그때서부터 정말 이건 천지가 개벽할 수도 있겠다는 생각을 했습니다 (웃음).

면담자   그리고 문재인 대통령이 취임을 했고요. 문 대통령이 취임하고 아버님은 뭘 가장 바랐어요?

수현 아빠   저는 어차피 제 앞에 놓여져 있는 게, 세월호 참사의 진상 규명과 책임자 처벌이었으니까, 그렇게 됐었는데[그것을 가장 바랐는데], 그 당시에 오늘과 같은 사태가 올 거라고 생각을 했습니다. 우리 가협이 대응이 저는 좀 잘못됐다고 생각했습니다. 임기 초기에 좀 적극적이고 능동적으로 대응했었다면, 이거보다는 좀 더 좋은 상태를 만들어낼 수 있었을 거라고 생각을 하긴 했는데…. 불행하게도 박근혜 시절이나 지금이나 그렇게 달라진 건 없어 보입니다, 제가 느끼는 걸로는.

면담자   현 정권의 핵심에 있는 분들이 들으면 좀 억울해하겠네요.

수현 아빠   뭐 억울하지도 않을 겁니다. 그 사람들은 세월호 참사에 대해서 관심이 없죠. 다시는 이 세월호 참사에 대한 부분이 잘 안 나오기를 난 바라고 있다고 생각하는데, 말이 안 나오길 바란다고. 우리 입장에서는 이 두 번째 기회까지 놓쳐버린다면, 적어도 적법한 행위에 의해서 [수사와 재판을] 한 마당에서는 어쨌든 다시 논의를 할 수 없는 절박함이 있으니까, 자꾸 얘기를 안 할 수는 없는데, 그분들은 이거 지나가고 나서 적당히 마사지[무마]되기를 바라는 게 아닌가 저는 그렇게 보고 있습니다. 여당 의원들 중에서 세월호 참사에 대해서 그렇게 관심 있는 사람 어디 있습니까? 톡 까놓고 말씀드려 가지고 저는 없다고 생각합니다.

면담자　　그러면 한국 현대사회에서 '정말 저게 가능할까'라고 생각했던 촛불을 국민들이 성공을 시켰고, 그렇게 해서 탄생된 정권에서도 그다지 밝은 미래를 점칠 수 없다면, 우리가, 세월호 유가족들이 선택할 수 있는 건 뭐라고 생각하세요?

수현 아빠　　(한숨) 현재로서는 선택의 그거[대안]는 없는 거 같습니다. 현시점에서는, 글쎄요. 어떤 분들은 자꾸 재조사 요구해서 하고는 계신데, 속된 말로 씨알 자체가 먹히지 않는 부분도 있고 그거를 요구하기에는 한 1년 정도 늦었죠. 적어도 문재인 정권이 탄생하는 시점에, 그리고 우리 가족들이 청와대 가서 문재인 대통령 면담하기 전에, 그 부분에 대해서는 결론을 짓고 나서 문재인 대통령을 가서 면담을 하고 나서 그렇게 했어야 됐는데, 결국에는 그것이 없는 상태에서 문재인 대통령하고 만나서 하다 보니까, 결국에는 2014년 5월 9일 날 우리 가족들이 가가지고 박근혜 만나가지고 한 거나, 2017년도에 거기 가가지고 [문재인 대통령] 만나서 한 거나 결국에는 달라진 거는, 어떤 사람들은 어떤지 모르겠지만, 달라진 건 없어요. 결국에는 시계 하나, 유명한 시계 하나 받아 가지고 온 거 빼고는, 제가 봐서는 달라진 건 없어요. 그 전에 결론을 내리고 가든지, 아무리 늦었다 하더라도 법무부 장관과 검찰총장이 인사청문회 하는 자리에서 여당의 법사위원 누구라도 세월호 어떻게 할 것이냐 물어가지고 재조사할 것이냐 말아야 되느냐, 적어도 재조사 필요성이 있다는 정도의 답은 받아놓고 나서 뭔가를 했었어야 되는 거지. 그걸 못 한 거는 실책이죠. 원래 우리 가족들이 그쪽에 프로가 아니니까 이해는 하지만, 지금으로 봐서는 잘 못한 거죠.

면담자　　　그런데 그 어려운 것을 정부는 안 한다 쳐도 유가족들이 다 직접 해야 합니까?

수현 아빠　　　그러면 정부가 안 하고, 국회는 끼어들기 싫어하고, 그렇다고 하면 당사자가 풀 수밖에 없지 않겠습니까? 어떤 시민단체가 대신해 줄 수 있는 부분도 아니고. 물론 4·16연대가 있긴 하지만, 그분들이 들으면 4, 5년 동안 같이 싸워주셨는데 몹시 섭섭하긴 하시겠지만, 어쨌거나 그분들은 집회와 이런 데서는 달인일지는 몰라도, 어떤 목표를 가지고 그것을 돌파해 가는 데는 프로적인[전문적인] 측면은 보이지를 않고, 결국에는 절박한 사람이 풀어야 된다고 생각하고, 그럴 수밖에 없을 거라고 저는 생각을 합니다.

수현 아빠 박종대

13
이사 이후 근황

면담자　　　아버님, 안산에서 사시다가 단독주택으로 이사를 하
셨죠?

수현 아빠　　2016년 6월 22일 날 갔습니다.

면담자　　　여러 가지 이유가 있었을 텐데, 그중에 가장 큰 이유
가 뭐였습니까?

수현 아빠　　원래는 저희가 과거에 우리 아들이 어렸을 때, 초등
학교 다니고 할 때 다른 데로 이사를 갈 기회가 있었는데, 그때 우
리 가족들이 저 빼놓고 모두 반대를 했었어요. 그래서 그러면 여기
서 살다가 아들이 대학교를 들어가면 '널찍한 집으로 가자. 단독으
로 가자' 그때 약속을 했었던 부분도 있고, 우리 아들이 원래 동물
같은 걸 굉장히 좋아했었어요. 특히 개, 고양이. 아주 어렸을 때부
터, 젖먹이였을 때부터 그런 부분을 되게 좋아했었고, 그래 가지고
약속했던 부분도 있었고. 사고가 나고, 난 다음에 더 이상 그 동네
에 살기도 힘들었던 환경 같았어요. 그 공간에 사는 것도 힘들었
고, 주변에서는 거기서 우리가 20년 이상 살았던 터줏대감인데도
불구하고, 좀 이상한 눈으로 많이 보셨던 거 같고…. 자격지심이겠
죠. 어찌 됐든 간에 그런 것도 있었고. 심지어 그 당시에 하다못해
우리 가족들 차 한 대만 사도 어떤 사람들 하는 얘기가 "보상금 받

아가지고 차 샀다"고 욕하는 사람도 있었고. 그런 상황이었으니까 그 동네에서 그런 것도 좀 그렇고. 사람들로부터 눈초리로부터 자유로운 공간으로 가고 싶었던 게 있었습니다.

[이사] 가서 보니까 우리는, 내가 세월호 유가족이라고 말씀을 안 드렸는데, 어느 경로인지 모르겠으나 그 동네 사람이 다 알고 있더라[고요]. 집 지어놓고 이사를 가니까, 조금 지나고 나니까, 어떤 사람이 악수를 하면서 "참 가슴 아프시겠습니다" 이렇게 말씀을 [하시더라고요]. 물론 제가 이래저래 해서 TV나 이런 데 해서 많이 나왔으니까 거기서 봤던 탓도 있을 것도 같긴 한데, [알아보는 게] 쉽지 않은 [건데], 아직도 좀 의아한 부분이 있습니다.

면담자   가시면서 수현이를 데리고 가셨나요?

수현 아빠   원래 하늘공원에 있었는데, 우리 수현이 방에다가 데리고 갔습니다.

면담자   우리 사회에서는 쉽지 않은 선택이신데, 어떤 생각으로 그렇게 하셨습니까.

수현 아빠   그렇습니까? 여러 가지가 있는데 아직까지는 수현이가 저한테는 죽은 존재는 아니거든요. 볼 수 없는 존재지. 그런 부분이 있고, 또 데려다 놓고 나서는 마음도 좀 편한 부분도 있고. 두 번째는 진상 규명이 되지도 않은 상황에서 하늘공원에 있지만, 그거 자체가 국가의 예산을 먹는 건데, 박근혜 정권 밑에서 거기서 계속해서 예산 까먹는 자체가 원하지 않았던 부분도 있었고요. 세 번째는 하늘공원에 가보신 분은 알지만 세월호 학생들 묘역이 가장 앞에 있습니다. 그러니까 물론 애도의 표시를 하고 가시는 분도 있지만, 어떤 분들은 동물원 원숭이 보듯이 보면서 가시는 분도 있거든요. 내가 없을 때, 갔을 때 그런 모습을 보이면 그렇게 신경 쓸 바는 아니지만, 당사자가 있는데도 그렇게 보고 가시는 분들이 있었습니다. 다른 사람들은 모르겠지만, 저는 그게 되게 싫었어요. 어디서 제가 좀 말씀을 드렸지만, 저의 입장에서 보면 아들은 어떻게 보면 예술적 작품이었고, 어떨 때는 친구였고, 동지였고 내 삶의 전부였는데, 그런 친구가 그런 사람들한테 이상한 눈초리를 받는 게 저 자신은 그게 되게 싫었습니다. 수현이 엄마하고도 이사를 가면서 "데려가자"라고 얘기를 했고, 딸도 와이프도 그 부분을 받아들였고, 그래서 데려가게 된 거 같습니다.

면담자 　　　최근에 고양이를 두 마리나 들이셨죠? 역시 수현이 생각을 하시면서 고양이를 키우게 되신 거네요.

수현 아빠 　　　예. 안고 있으면 심장 뛰는 거를 느끼면 가끔 가다가 이상한 감정이 좀 느껴집니다.

면담자 　　　수현이 있을 때는 정작 고양이를 못 키우셨나요?

수현 아빠 　　　우리 애가 알러지[알레르기]가 있었어요. 기본적으로 알러지가 있었고 그 집이, 과거에 살던 집이, 제가 결혼을 하면서 샀던 집이다 보니까 두 사람 살기 딱 좋았던 집이지 4인 가족이 살기에는 적합한 집은 아니었거든요. 그러다 보니까 이사를 가려고 했었는데 못 갔던 거고, 사람 살기에도 좀 벅찬 공간에 동물까지 키울 수는 없었었고, 그래서 키우지 못했던 거 같습니다. 애가 되게 키우고 싶어 했었어요, 고양이하고 개를. 다른 거는, 토끼라든가 사슴벌레라든가, 햄스터 이런 거는 많이 키웠었는데, 유독 개하고 고양이는 키우지 못한 게 지금도 마음에는 많이 걸리죠.

면담자   고양이는 어디서 데려왔어요?

수현 아빠   한 마리는 장한평 있는 데, 장한평 있는 데 어떤 분이 새끼 길고양이 구조한 것을 저희가 데려왔고, 또 한 마리는 분향소에서 [돌아다니는 고양이 한 마리를] 〈비공개〉 누가 키울 사람도 없고 그래 가지고, 마침 우리 한 마리가 좀 외로워하는 거 같고 그래서, 저희가 고민 끝에 데리고 왔던 거죠.

〈비공개〉

면담자   개도 키우고 계신데 만족스럽습니까?

수현 아빠   만족하기는 좀 그렇고(웃음). 좀 사나워 가지고요. 원래는 우리 딸이 데리고 놀고 이러려고 그랬는데 저만 다루니까, 그 부분이 아쉽죠. 좀 순했으면 그런데, 얼굴을 많이 가려가지고.

면담자   단독주택, 농촌이라고나 할까, 자연이 충분히 있는 단독주택으로 이사 가서서 수현이를 수현이 방에 데려다 놓고 수현이가 좋아하던 개와 고양이를 키우며 사시는 느낌이랄까? 수현이가 어떻게 느껴지는지가 궁금해서 제가 이런 질문을 하는 건데

수현 아빠 박종대

요. 어떠세요? 좀 더 가까이 있는 느낌이세요, 아니면 더 그리운 느낌이세요?

수현 아빠   더 그립죠, 그립고. 가끔 가다가 우리는 항상 방문을 열어놓는데, 저도 그렇고, 수현이 엄마도 그렇고, 딸은 학교 다니면 밖에 나가 있고 그러니까, 빈집일 때가 많으니까, 좀 '얘[개나 고양이]라도 가서 많이 놀아줬으면 좋겠다'라는 생각을 할 때도 있고. 저 같은 경우는 개를, 고양이를 안으면 심장 뛰는 그런 거 느껴지거나, 아니면 온기 이런 게 느껴지거나 그러면 그때 생각이 많이 나죠. 수현이 같은 경우에는 제 팔베개를 하고 자는 걸 되게 좋아했었거든요. 그래서 수학여행 가기 1주일 전에도 제 팔베개를 하고 잤던 놈이니까. 특히 그렇게 스킨십을 하면 특별히 더 생각이 많이 날 수밖에 없죠.

14
진상 규명이 수현이에게 가지는 의미

면담자   진상을 규명하고 적절하게 책임자를 처벌하는 문제는 사회가 정상적으로 돌아가도록 하기 위한 조치이지 '그것이 하늘로 간 수현이를 위한 일일까?' 혹시 그런 질문을 해보신 적은 없으세요?

수현 아빠   저는 아들이 그것을 간절히 원하고 있다고 생각을 합니다. 왜냐면 우리 모임에 윤×× 씨라고 있거든요. 그분이, 영국에서 공부해 가지고 와서 영어학원에 계신 분이 있는데, 그분이 딱 한 번을 만나고, 어느 날인가 전화가 왔었어요. 물어보는 거예요. 지금은 우리 블로그에도 수현이 얼굴도 많이 [올라]가 있고 초창기에 글, 우리 수현이랑 사진도 많이 올려놓고 그랬었는데, 그 당시에는 수현이라는 존재는 딱 15분짜리 동영상 그게 전부였는데, 그 양반이 전화가 오는 거예요. '혹시 수현이가 생김새는 이렇지 않습니까?' 손가락은 길고, 살결은 어떻고, 말투는 어떻고, 평상시에 행동하는 습관은 어떻고, 이런 식의 얘기를 물어보는 거예요.

그런데 좀 지나서 전화 통화를 좀 하다 보니까 몸에서 소름이 돋는 거예요. '이 여자가 이상한 여자 아냐?' [생각했죠] 그런데 워낙 똑같으니까 너무 똑같으니까. 그래 가지고 내가 전화를 받다가 말고 녹음 버튼을 눌렀어요. '이게 뭔가 이상하다' 이래 가지고 '그게 맞다, 그것도 맞다' 이런 식의 얘기를 하다 보니까, 왜 그러냐니까 꿈을 꿨다는 거예요, 꿈을. 꿈을 꿨는데 우리 아들이 나타나 가지고 하는 얘기가 "우리 아빠한테 전해다오"라고 얘기를 하면서 "지금 아버지가 하고 계신 방향이 맞다. 그런데 아빠가 나를 해원[원통한 마음을 풂]시켜 줘야 된다"라고 얘기했다는 거예요, 해원. 그래 가지고 저는 해원이라는 단어가 뭔지 몰라가지고 찾아보니까 '원을 풀어준다' 이런 얘기더라구요. 좀 이상해 가지고 다시 어떤 무속인한테 물어봤어요, "그게 뭐냐" 그러니까 어떤 사람이 그런 게 있으면 그것을 푸는 절차가 무속인들은 해원 굿이라고 있다고 그러더라고. 그러면서 "그런 절차가 있다, 무속인들한테도. 아마 그걸 애

수현 아빠 박종대

기하는 거 같다"라고 얘기를 하시더라구요. 그래 가지고 제가 '노
컷뉴스'나 뭐 이런 데서 인터뷰를 하면서 "우리 아들은 사법적 씻김
굿을 원한다"라고 인터뷰를 했던 기억이 나거든요.

사실 거기서 연관이 돼서 했었던 건데, 적어도 아들이 그것을
원하지 않았다면 그 사람을 통해가지고 나한테 전달하지는 않았을
거라고 저는 생각하고. 여전히 4년, 5년이 향해 가는 이 시점에도
제가 이걸 놓지 못하는 이유는 오히려 그것 때문일지도 모르겠습
니다. 제 의지가 너무 강하기보다는, 아들[의 뜻이] 그, 그래 가지고,
제가 『금요일엔 돌아오렴』에서 "아들이 내준 숙제"라고 표현했던
부분도 사실 그거하고 좀 연관이 있는 거 같고요(울음).

15
의식하고, 행동하는 삶의 필요성

면담자　　　　아버님 구술을 이것으로 마치려고 하는데요. 보통의
세상 사람들에게 아버님이 하시고 싶은 말씀이 있다면 그것이 무
엇일지, 마지막으로 꼭 들어보고 싶어요.

수현 아빠　　　　저는 세월호 참사가 일어나기 전에는 그냥 그렇게
이 사회에 뛰어들면서, 그러다 보니까 하루하루 일상을 챙기고 살
아가면서, 그러다 보니까 사회를 목적성 있게 보지도 못했고, 의식
적으로 보지도 못했고 그렇게 살아왔었던 거 같습니다. 그러다 보

니까 결국에는 이 사회가 아주 잘못 돌아가고 있고, 있어서는 안 되는 모습으로 돌아가고 있었음에도 별 문제점을 인식하지 못하고 살았던 거 아닌가 [싶습니다]. 아침에 일어나서 씻고 세수하고 밥 먹고, 회사 가고 일하고, 저녁이 되면 누가 소주라도 한잔하자고 하면 한잔하고 들어와서 또 자고, 이 일상으로 살아왔었던 거 같고. '그런 삶의 태도가 결국엔 내가 이런 사태를 만들었던 거 아닌가', '나 같은 사람이 몇 사람이 모여서 우리가 되고, 그것이 사회가 되고 그러다 보니까, 이런 세상이 만들어져 있었던 건 아닌가', 아까 여기서도 나왔던 우리 친구 같은 경우는 대학교 다닐 때 정말 세상을 바꿔보겠다고 자기 자신을 버려가지고 그렇게 그랬는데, 사실은 '그렇게 하지 못했던 것에 대한 죄를 받았던 거 아닌가'라는 생각을 많이 해봤습니다.

최근에 와서 보면은 자유한국당 애들, 그 찌끄러기 애들, 그런 애들 하는 거, 그런 걸 보면서 '좀 더 의식 있게 살아야 되지 않겠느냐'라는 부분을 좀 많이 생각하고, 그렇다라면은 '저처럼 이런 아픔을 겪기 전에 좀 더 눈을 크게 뜨고 똑바로 뜨고 세상을 바라봐 가지고, 그런 세상이 생기지 않도록 의식적으로 많은 사람들이 행동하고 관심을 가지고 사는 그런 것을 했으면 좋겠다', 굳이 당부드리자면 그런 말씀을 드리고 싶다고 생각하고 있습니다.

면담자　　　긴 시간 고맙습니다. 마무리하겠습니다. 감사합니다.

수현 아빠　　고맙습니다.

4·16구술증언록 단원고 2학년 4반 제1권

그날을 말하다 수현 아빠 박종대

ⓒ 4·16기억저장소, 2019

기획 편집 4·16기억저장소 ⏐ **지원 협조** (사)4·16세월호참사가족협의회
펴낸이 김종수 ⏐ **펴낸곳** 한울엠플러스(주)
초판 1쇄 인쇄 2019년 4월 1일 ⏐ **초판 1쇄 발행** 2019년 4월 16일
주소 10881 경기도 파주시 광인사길 153 한울시소빌딩 3층
전화 031-955-0655 ⏐ **팩스** 031-955-0656 ⏐ **홈페이지** www.hanulmplus.kr
등록번호 제406-2015-000143호

Printed in Korea.
ISBN 978-89-460-6724-0 04300
　　　 978-89-460-6700-4 (세트)
* 책값은 겉표지에 표시되어 있습니다.